SinnVollSinn

Religion an Berufsschulen
Materialien für die Fachklassen des Dualen Systems und die entsprechenden Bildungsgänge

Herausgegeben vom Katholischen Institut für berufsorientierte Religionspädagogik,
Prof. Albert Biesinger, Dr. Joachim Schmidt, Tübingen

Band 5: Religion und Kirche
Zwischen persönlicher Religiosität und kirchlichem Glauben

Erarbeitet von Michael Boenke,
in Kooperation mit Prof. Dr. Albert Biesinger, Josef Jakobi, Prof. DDr. Klaus Kießling und Dr. Joachim Schmidt

 Zum Schulbuch erscheint ergänzend und vertiefend eine DVD mit Bilddateien, Arbeitsblättern, Filmausschnitten, Liedern, Lexikon, die bei Bestellung eines Klassensatzes mitbestellt werden kann. Diese Materialien dürfen über das Intranet der Schule genutzt werden.

Bitte beachten Sie:

Das Internet ist ein schnelllebiges Medium, dessen Inhalte sich einer wirksamen Kontrolle entziehen. Herausgeber, Autor und Verlag haben sich bei allen Link-Angaben bemüht, ausschließlich „langlebige" Adressen seriöser Quellen anzugeben, die jugendgemäß sind und keinerlei Gewalt verherrlichende, diskriminierende, pornografische oder sonstige sittenwidrige Inhalte transportieren. Alle Angaben werden auch bei jeder Neuauflage des Buches überprüft.

Dennoch kann nicht restlos ausgeschlossen werden, dass durch Veränderungen (z. B. Übernahme einer Domain durch einen neuen Inhaber) unerwünschte Inhalte auf den Seiten stehen, Links nicht mehr funktionieren oder auf andere Seiten mit unerwünschten Inhalten verwiesen wird. Verlag, Herausgeber und Autor von SinnVollSinn distanzieren sich von solchen Inhalten, weisen Sie als Lehrkraft auf die besondere Aufsichtspflicht bei der Nutzung des Internets im Unterricht hin und bitten Sie um Hinweise an den Verlag, sollten Ihnen unerwünschte Inhalte auf den angegebenen Internet-Seiten auffallen.

FSC Mix – Produktgruppe aus vorbildlich bewirtschafteten Wäldern und anderen kontrollierten Herkünften
www.fsc.org   Zert.-Nr. GFA-COC-001298
© 1996 Forest Stewardship Council

Verlagsgruppe Random House FSC-DEU-0100
Das für dieses Buch verwendete FSC-zertifizierte Papier
PraxiMatt liefert die „Deutsche Papier Vertriebs GmbH"

Copyright © 2009 Kösel-Verlag, München,
in der Verlagsgruppe Random House GmbH
In aktueller Rechtschreibung (2006)
Das Werk und seine Teile sind urheberrechtlich geschützt.
Jede Nutzung in anderen als den gesetzlich zugelassenen Fällen bedarf der vorherigen schriftlichen Einwilligung des Verlages.
Hinweis zu § 52 a UrhG: Weder das Werk noch seine Teile dürfen ohne eine solche Einwilligung eingescannt
und in ein Netzwerk eingestellt werden. Das gilt auch für Intranets von Schulen oder sonstigen Bildungseinrichtungen.
Umschlag: Kaselow Design, München
Satz: Kösel-Verlag, München
Druck und Bindung: Kösel, Krugzell
Printed in Germany
ISBN 978-3-466-50734-4

Der Kösel-Verlag ist Mitglied im „Verlagsring Religionsunterricht" (VRU) www.vru-online.net

www.koesel.de

SINNVOLL SINN

RELIGION UND KIRCHE

Zwischen persönlicher Religiosität und kirchlichem Glauben

Erarbeitet von Michael Boenke,
in Kooperation mit Prof. Dr. Albert Biesinger,
Josef Jakobi, Prof. DDr. Klaus Kießling und Dr. Joachim Schmidt

Kösel

Inhaltsverzeichnis

Vorwort 6

Sehnsucht nach Religiösem — 7

Tina und Paul 7
Was hat denn das mit Religion zu tun? 8
Was ist Religion? 9
Christen glauben … an einen Gott 10
Christen glauben … an Jesus Christus 11
Geist und Ungeist 12
Christen bekennen 13
Juden und Muslime bekennen 14
Juden glauben 15
Muslime glauben 16
Kirche beginnt 17
Urchristliche Gemeinden – Basisgemeinden 18
In Ämtern dienen 19
Oma glaubt, Papa manchmal, und der Jugend ist's egal 20
Fußball„götter" und Spielerreliquien 21
Gottauto 22
Bauen auf „Kies" 23
Engelsrauch und Schlangenbrotaufstrich – Religiöses wirkt ... 24
Religiöses rockt 25
Religiöses in der Kunst 26
Orientierungswissen 1: Sehnsucht nach Religiösem 27

Feste feiern — 28

Tina und Paul 28
Paaaarty – feste festen 29
Feste gestalten 30
Christen feiern 31
Das höchste Fest der Christen 32
Das Kirchenjahr kompakt 33
Jüdische Feste 34
Islamische Feste 35
Orientierungswissen 2: Feste feiern 36

Christsein motiviert — 37

Tina und Paul 37
Arbeitgeberin Kirche – eine Auswahl 38
Beruf – Berufung 39
Glaube und Business 40
Helfen 41
Erziehen 42
Dienen 43
Pfarrer – nachgefragt 44
Betriebsseelsorge 45
Bestatter 46
Caritas – immer eine gute Adresse 47
Religion unterrichten – was glaubst du? 48
Orientierungswissen 3: Christsein motiviert 49

Berührt werden: Sakramente — 50

- Tina und Paul — 50
- Berührungen — 51
- Sakramente berühren — 52
- Berührt zu neuem Leben — 53
- Taufsymbole — 54
- Eucharistie – Gottes Sohn berührt uns — 55
- Berührt – gestärkt — 56
- Sich berühren und von Gott berührt — 57
- Bußsakrament – auch im Scheitern von Gott berührt — 58
- Krankensalbung – auf dem Weg zu Gott berührt — 59
- Berührt, um zu berühren — 60
- Sieben Sakramente systematisch — 61
- *Orientierungswissen 4*: Berührt werden: Sakramente — 62

Im Be-Reich Gottes – Suche nach Glück und Heil — 63

- Tina und Paul — 63
- Glück – Heil – Segen und Co. — 64
- Mit oder ohne Arbeit – Pech oder Glück? — 65
- Das Reich Gottes — 66
- Reich Gottes – jetzt! — 67
- Jesus und das Reich Gottes — 68
- Himmel im Neuen Testament — 69
- *Orientierungswissen 5*: Im Be-Reich Gottes – Suche nach Glück und Heil — 70

Das Buch — 71

- Tina und Paul — 71
- Bücher lesen — 72
- Die Bibel – mehr als ein Buch? — 73
- Das Alte Testament — 74
- Das Neue Testament — 75
- Bibel missverstehen – Bibel verstehen — 76
- Der Tanach – die Schriften des Judentums — 77
- Der Koran – Die Schrift der Muslime — 78
- *Orientierungswissen 6*: Das Buch der Bücher — 79

Christen mischen sich ein — 80

- Tina und Paul — 80
- Workless wertlos? — 81
- Leistung und Lohn — 82
- Martins Mantel — 83
- Kulturen kommunizieren — 84
- Integration – Isolation — 85
- alt. arm. allein — 86
- Benachteiligte beachten — 87
- Ohne Obdach — 88
- *Orientierungswissen 7*: Christen mischen sich ein — 89

Glossar — 90

Text- und Bildnachweis — 95

Vorwort

Liebe Schülerinnen und Schüler!
Sehr geehrte Kolleginnen und Kollegen an den Berufsbildenden Schulen!

Die vorliegenden Unterrichtsmaterialien der Reihe „SinnVollSinn an Berufsschulen" sind multimedial entfaltet. Das Modul „Religion und Kirche: Zwischen persönlicher Religiosität und kirchlichem Glauben" besteht aus diesem Schulbuch und der zugeordneten DVD, die sowohl vertiefende als auch ergänzende Aspekte der Themen enthält.
Die Thematik des Moduls basiert auf dem „Grundlagenplan für den katholischen Religionsunterricht an Berufsschulen", herausgegeben vom Sekretariat der Deutschen Bischofskonferenz, Bonn 2002, Themenbereich 3.5.

Der Einsatz von Buch und DVD im Religionsunterricht eröffnet vielfältige Vernetzungen und abwechslungsreiche methodische Bearbeitungsweisen. Der Gebrauch von Buch und DVD ermöglicht anregende Kombinationen von Bildern, Sachtexten, Erfahrungsberichten, Arbeitsblättern, O-Tönen und theologischem Glossar. Sie fördern kommunikative Arbeitsweisen und stärken das Lernen.

Das pädagogische Konzept der Reihe „SinnVollSinn an Berufsschulen" ist
- schülerorientiert durch seinen Lebens- und Erfahrungsbezug,
- berufsbezogen durch den Bezug zu Arbeitssituationen und Betriebsabläufen,
- thematisch strukturiert,
- handlungsbezogen besonders durch die „Tipps",
- methodisch innovativ durch seine neuartigen Kombinationsmöglichkeiten und
- variantenreich strukturierbar bis zu „spontanen Zugriffsweisen".

Die unterrichtsnah gestalteten Materialien und Medien sind aus der konkreten Praxis des Religionsunterrichts entwickelt. Ihre Offenheit lässt den Beteiligten im Religionsunterricht die Freiheit zur je eigenen Auswahl, unterstützt Schulplanentwicklungen und ermöglicht zugleich eine Zuordnung zu den Länderlehrplänen. So können regionale Besonderheiten, religiös unterschiedliche Prägungen und schulische Bedingungen produktiv beachtet werden.

Das Team des Katholischen Instituts für berufsorientierte Religionspädagogik, Tübingen, mit dem Autor Michael Boenke lädt Sie ein, sich durch das multimediale Werk anregen zu lassen, es im Religionsunterricht an Berufsbildenden Schulen, insbesondere in Lerngruppen der dualen Ausbildung, einzusetzen und mit beiden Versionen zu experimentieren.

Das Team: *Albert Biesinger, Michael Boenke, Josef Jakobi, Klaus Kießling, Joachim Schmidt*

TINA UND PAUL

PAUL: Warum gibt es eigentlich unterschiedliche Religionen?
TINA: Weil die Menschen alle unterschiedlich sind.
PAUL: Ich denke, das liegt nicht nur daran, vielleicht hat das ja auch damit zu tun, wo sie leben.
TINA: Das weiß ich nicht, das kann ich mir nicht vorstellen.
PAUL: Ich meine, ein Eskimo glaubt vielleicht eher an einen Eisgott mit Eisbart.
TINA: Ich glaube, es hat viel damit zu tun, wie man aufgewachsen ist, in welchem Kulturkreis ...
PAUL: Und welche Religion einem die Eltern beigebracht haben.
TINA: Denkst du, dass man Religion wie Mathe lernen kann?
PAUL: Hoffentlich bist du dann für Religion begabter als für Mathe ... Aber klar: Auch in Reli gibt es viel zu wissen und zu verstehen. Reli ist aber auch irgendwie mehr als Wissen ... finde ich jedenfalls.

Projektidee
Gestalten Sie für das Foyer Ihrer Schule eine Wandzeitung zum Thema „Religion berührt uns alle".

Was hat denn das mit Religion zu tun?

Wir gehen jeden Sonntag in die Kirche, das gehört einfach dazu. Am Palmsonntag basteln wir mit den Enkeln einen Palmstock.

Am Samstag wird geschraubt und geputzt, das ist mir heilig ... Und am Sonntag geht's dann mit den Kumpels auf die Straße.

Es ist schön, dass wir mit der Jugendkirche einen Ort haben, wo wir uns regelmäßig treffen können.

Ich gehe oft in die Disko. Da treffe ich mich mit Freunden. Musik, etwas trinken, reden ... das ist mir schon wichtig. Halt gemeinsam was unternehmen und endlich mal ausspannen vom Arbeitsstress und Schulstress.

Jeden Tag denke ich: Ist das alles? Ist das das Scheiß-Leben? Es geht doch nur um Kohle und Schönsein! Hoffentlich kommt da noch mehr ...

Am Wochenende ab ins Stadion, zusammen mit all den anderen. Wenn wir dann unsere Lieder singen, da bekomme ich eine Gänsehaut.

- Benennen Sie, was die Fotos und die Aussagen mit Religion zu tun haben.
- Finden Sie – in Partnerarbeit, in der Gruppe – eine gemeinsame Definition von „religiös".

Was ist Religion?

▶ *Religion* kommt vom lateinischen *religere* und bedeutet „rückbinden". *Religio* kann mit „sich an Gott binden", „Frömmigkeit", „Heiligkeit", aber auch „Rücksicht" und „Pflicht" übersetzt werden. Als Weltreligionen werden der Hinduismus, der Buddhismus, das Judentum, das Christentum und der Islam bezeichnet. Es gibt schon sehr frühe Hinweise auf religiöses Verhalten von Menschen. Vor allem Kunstwerke und Bestattungsrituale gelten als Ausdrucksformen früher Religiosität.

– Religion wird immer wichtiger.
– Religion hat mit Glauben zu tun.
– Religion ist altmodisch.
– Religion kommt dann ins Spiel, wenn die Menschen nicht mehr weiterwissen, wenn sie sich Dinge nicht erklären können.
– Menschen brauchen Religion, sonst könnten sie zum Beispiel den Tod nicht verkraften.
– Religion ist für Dumme.
– Wer keine Religion hat, weiß nicht, wer er ist.
– Wenn ich mich in meiner Religion nicht auskenne, brauche ich mich nicht zu wundern, wenn uns Menschen mit anderen Religionen belächeln.
– Religion ist Religionsunterricht und Gottesdienst.
– Man kann auch religiös sein, ohne in die Kirche zu gehen.

Schüleraussagen

Es gibt Menschen, die sich bewusst zu keiner Religion und Gott bekennen. Man nennt sie Atheisten. Sie sind davon überzeugt, dass es keinen Gott gibt.

Die Botschaft jeder Religion lautet, dass der Mensch nicht wirklich Mensch ist, wenn er nicht seinen Schöpfer preist.

Mahatma Gandhi

Religion ist Bindung. Atheismus eine höchst fragwürdige Ungebundenheit.

Ludwig Marcuse

Ein Mensch ohne Religion ist ein Wanderer ohne Ziel, ein Fragender ohne Antwort, ein Ringender ohne Sieg und ein Sterbender ohne neues Leben.

Dom Helder Pessôa Câmara

Religion ist im weitesten und tiefsten Sinne des Wortes das, was uns unbedingt angeht. Und das, was uns unbedingt angeht, manifestiert sich in allen schöpferischen Funktionen des menschlichen Geistes ...

Paul Tillich

■ Bewerten Sie die Schüleraussagen und Zitate.
■ Ordnen Sie den Symbolen Religionen zu.
■ Recherchieren Sie im Internet weitere Kennzeichen von Religionen.
■ Sammeln Sie Argumente für eine Pro- und-Kontra-Debatte: „Man kann auch ohne Kirche religiös sein."
■ „Religion ist das, was du täglich tust": Was ist dann Ihre Religion?

TIPP
Schlagen Sie in Lexika den Begriff „Religion" nach.

Sehnsucht nach Religiösem

Christen glauben ... an einen Gott

Gabriele Ebert, Dreifaltigkeit

Christen glauben an den einen Gott, der die Welt erschaffen hat, der allmächtig und ewig ist. Der Glaube an den einen Gott wird als Monotheismus bezeichnet (grch.: *mono* = eins, *theos* = Gott). Der eine Gott ist nach christlichem Verständnis in drei Personen erfahrbar: im Vater und Schöpfer der Welt, im Sohn und Erlöser Jesus Christus und im Heiligen Geist. Dies nennt man Dreifaltigkeit oder Trinität.

Jesus, der als Mensch gelebt hat, am Kreuz gestorben ist, von Gott auferweckt wurde, ist als Sohn Gottes die starke Beziehung zwischen Gott und Mensch. Jesus nannte Gott häufig „Vater", auf diese Weise zeigte er die Liebe Gottes zu den Menschen. Jesus ist am Kreuz gestorben und wurde von Gott von den Toten auferweckt, denn die Liebe ist stärker als der Tod. Das ist die große Hoffnung der Christen: dass nach dem Sterben nicht alles vorbei ist. Gott nimmt alle Menschen zu sich auf. Nachdem Jesus in den Himmel aufgenommen war, hat Gott den Menschen den Heiligen Geist gesandt.

Eines der wichtigsten Gebote im Neuen Testament ist die Nächstenliebe, wie sie Jesus immer wieder vorgelebt und mit der Gottesliebe verbunden hat.

AUS DEM Johannes-Evangelium
14:16 Und ich werde den Vater bitten, und er wird euch einen anderen Beistand geben, der für immer bei euch bleiben soll.
14:17 Es ist der Geist der Wahrheit, den die Welt nicht empfangen kann, weil sie ihn nicht sieht und nicht kennt. Ihr aber kennt ihn, weil er bei euch bleibt und in euch sein wird.
14:19 Nur noch kurze Zeit, und die Welt sieht mich nicht mehr.
14:20 An jenem Tag werdet ihr erkennen: Ich bin in meinem Vater, ihr seid in mir und ich bin in euch.
14:26 Der Beistand aber, der Heilige Geist, den der Vater in meinem Namen senden wird, der wird euch alles lehren und euch an alles erinnern, was ich euch gesagt habe.

- Welchen Beistand meint Jesus in Joh 14:16?
- Beschreiben Sie, was es bedeutet, wenn etwas mit „Geist" erfüllt ist.
- Diskutieren Sie die Zitate.
- Versuchen Sie zu erklären, wie jemand zugleich Gott und Mensch sein kann.

**Jeder Kluge hat da irgendeinen Spruch:
Mit der Trinität sei es wie mit einer Kerze.
Es funktioniert nur, wenn Wachs, Docht und Feuer eins sind ...
trotzdem begreife ich die Trinität nicht.**

Schülerin, 17 Jahre

**Für den gläubigen Menschen steht Gott am Anfang,
für den Wissenschaftler am Ende aller Überlegungen.**

Max Planck, Physiker

Ich kann mir keinen persönlichen Gott denken, der die Handlungen der einzelnen Geschöpfe direkt beeinflusste oder über seine Kreaturen zu Gericht säße ... Meine Religiosität besteht in einer demütigen Bewunderung des unendlich überlegenen Geistes, der sich in dem Wenigen offenbart, was wir mit unserer schwachen und hinfälligen Vernunft von der Wirklichkeit zu erkennen vermögen.

Albert Einstein, jüdischer Physiker

Der erste Schluck aus dem Becher der Natur führt zum Atheismus, aber auf dem Grund wartet Gott.

Werner Heisenberg, Physiker

Christen glauben ... an Jesus Christus

▶ Jesus Christus ist die zentrale Gestalt für Christen. Im Neuen Testament erfahren wir von seinem Leben, seinen Taten und seiner Glaubenslehre. Er wurde in Nazaret um 4 oder 6 v. Chr. geboren. Um 30 n. Chr. wurde er unter Pontius Pilatus in Jerusalem, auf dem Berg Golgota, d. h. „Schädelhöhe", hingerichtet. Sein Name Jehoschua bedeutet „Jahwe ist Heil".
Historisch ist Jesus über die vier Evangelien des Neuen Testaments (Matthäus, Markus, Lukas, Johannes) zu erschließen, aber auch nichtchristliche Quellen, wie der jüdische Historiker Josephus Flavius und Tacitus, erwähnen einen Jesus. Jesu Wirken als Wanderprediger in der Öffentlichkeit Galiläas begann um 28/29 n. Chr. und dauerte etwa zwei Jahre.
Seine Verkündigung ist geprägt von der Botschaft des Reiches Gottes und der Nachfolge. Jesus bezeichnete sich als Menschensohn. Die Auferweckung Jesu (Osterereignis) ist Zentrum des christlichen Glaubens und verspricht die Erlösung der Menschen.
Aus jüdischer Sicht ist Jesus ein Gesetzeslehrer, ein Rabbi. Der Islam zählt Jesus (Isa) zu den von Allah erwählten Propheten. Buddhisten sehen Jesus als einen Menschen, der die Nächstenliebe über alles andere stellte.

Durch Jesus bekommt Gott ein Gesicht.

Was ist er?
- Superstar
- eingeborener Sohn
- Versager am Kreuz
- Heiland
- Kind einer Jungfrau
- Menschenfischer
- Wundertäter
- Rebell
- Frauenversteher
- Himmelfahrer
- Friedensstifter
- Tempelrandalierer
- Todüberwinder
- Zimmermannssohn
- Herumtreiber
- Geschichtenerzähler
- Christus
- Arzt
- Wasserläufer
- Mensch
- Bergprediger
- Gott
- Grabverschwinder
- Weltenretter
- Auferweckter
- **weltbekannt**

AUS DEM Markus-Evangelium
15:39 Als der Hauptmann, der Jesus gegenüberstand, ihn auf diese Weise sterben sah, sagte er: Wahrhaftig, dieser Mensch war Gottes Sohn.

Die Muslime sagen, Gott kann keinen Sohn haben. Denn nach muslimischer Gottesvorstellung ist und bleibt Gott eins und ungeteilt:

„Und wenn Allah sprechen wird: ‚O Jesus, Sohn der Maria, hast du zu den Menschen gesprochen: Nehmet mich und meine Mutter als zwei Götter neben Allah an?' Dann wird er sprechen: ‚Preis sei Dir! Es steht mir nicht zu, etwas zu sprechen, was nicht wahr ist.'"

Koran, Sure 5:116

■ Beschreiben Sie Ihre Sicht von Jesus.
■ Suchen Sie mithilfe einer „digitalen Bibel" Stellen, die von Jesus als Gottes Sohn reden. Vergleichen Sie diese Textstellen.
■ Schätzen Sie ein: Wäre Jesus heute so viel/so wenig Belohnung wert?

Sehnsucht nach Religiösem

Geist und Ungeist

Hier herrscht ein schlechter Geist.
Begeisterungsunfähig
Von allen guten Geistern verlassen

Hier herrscht ein guter Geist.
Ich bin begeistert!

▶ **Gott ist Vater, Sohn und Heiliger Geist. Dargestellt wird der Heilige Geist z. B. als Taube oder als Flammenzunge. Im Alten Testament drückt der Geist die Schöpfermacht Gottes aus, die Leben spendet und den Menschen die Erkenntnis bringt. Im Neuen Testament verhilft er zu einem neuen Leben im Glauben und begründet die Kirche, leitet sie und steht ihr bei.**

Der Zug leitete eine Notbremsung ein. Babs, Achim und Ferdi wurden aus ihren Sitzen gehoben. Und dann stand der Zug auch schon. Sie schauten neugierig aus den Fenstern. „Oh Shit, da hat sich jemand vor den Zug geschmissen." Blutige Kleidungsstücke und undefinierbare Körperteile lagen entlang des Bahndamms. Die drei stiegen neugierig aus. Dann zückte Ferdi sein Foto-Handy und fing an, die Überreste des Menschen zu fotografieren. Auch Achim zückte sein Handy, er filmte die blutige Spur entlang des Bahndamms. Babs ging schnell zurück in den Zug: „Mir ist schlecht, und hört mit dem Scheiß auf!" Der Zugbegleiter kam aufgeregt auf Achim und Ferdi zugerannt und schrie sie an: „Lasst das, ihr spinnt wohl ... alle wieder rein in den Zug!" Der Fahrer des Zuges lag mit einem Schock neben den Gleisen im Gras.
Mit dreistündiger Verspätung kamen die drei zur Schule. In der nächsten Pause zeigten die Jungs den neugierigen Mitschülern die Bilder und den Film. „Das stellen wir ins Netz ... da kriegt man sogar Geld dafür ..."
In dem Augenblick kam der Direktor der Schule auf Achim zu und nahm ihn auf die Seite: „Schlechte Nachrichten, Achim ... ääh dein Opa hatte am Bahndamm ... der Zug ... deine Mutter holt dich gleich ab ..."

POLIZEI SUCHT WEITER NACH MAKABEREN BILDERN
Die Polizei sucht weiter mit Hochdruck nach den makaberen Fotos, die Jugendliche vom Suizid eines 65-Jährigen gemacht haben. Einschlägige Internet-Seiten werden regelmäßig durchsucht, sagte ein Polizeisprecher. Der Mann hatte sich am Dienstag vor den Zug geworfen, in dem die Jugendlichen saßen. Sie stiegen daraufhin aus, fotografierten und filmten mit ihren Handys die Leiche und die Unglücksstelle. Ob die Fotos bereits im Internet kursieren, sei unklar.

- Betrachten Sie die Fotos und erzählen Sie Geschichten zum Thema „Geist und Ungeist". Nennen Sie Gründe, warum sich Menschen bewusst auf die Seite des Ungeistes stellen.
- Beschreiben Sie, welcher Geist in Ihrem Klassenzimmer herrschen sollte, damit Sie Lernerfolge haben und sich wohlfühlen.
- Erklären Sie, was im Korintherbrief mit „Freiheit" gemeint ist.

AUS DEM ZWEITEN BRIEF AN DIE KORINTHER
3:17 Der Herr aber ist der Geist, und wo der Geist des Herrn wirkt, da ist Freiheit.

AUS DEM Johannes-Evangelium
3:20 Jeder, der Böses tut, hasst das Licht und kommt nicht zum Licht, damit seine Taten nicht aufgedeckt werden.
3:21 Wer aber die Wahrheit tut, kommt zum Licht, damit offenbar wird, dass seine Taten in Gott vollbracht sind.

Christen bekennen

Ich glaube an Gott, den Vater, den Allmächtigen,
den Schöpfer des Himmels und der Erde,
und an Jesus Christus,
seinen eingeborenen Sohn, unsern Herrn,
empfangen durch den Heiligen Geist,
geboren von der Jungfrau Maria,
gelitten unter Pontius Pilatus,
gekreuzigt, gestorben und begraben,
hinabgestiegen in das Reich des Todes,
am dritten Tage auferstanden von den Toten,
aufgefahren in den Himmel;
er sitzt zur Rechten Gottes, des allmächtigen Vaters;
von dort wird er kommen,
zu richten die Lebenden und die Toten.
Ich glaube an den Heiligen Geist,
die heilige katholische Kirche,
Gemeinschaft der Heiligen,
Vergebung der Sünden,
Auferstehung der Toten
und das ewige Leben. Amen.

Glaubensbekenntnis der katholischen Kirche

Eigentlich glaube ich an Gott, Vater und Mutter,
allmächtig scheinen sie nicht zu sein,
ihr Himmel scheint fern und die Erde erstickt.
Ich glaube an Jesus Christus, ihren Sohn,
den Heiligen Geist kann ich nicht begreifen,
und ob seine Mama Jungfrau war, ist mir egal.
Sein Leiden unter der Ungerechtigkeit war grauenvoll,
ans Kreuz genagelt, verreckt und begraben,
der Tod, alles vorbei?
Am dritten Tag auferweckt, aber wie?
Endlich Himmel: Er sitzt zwischen Papa und Mama,
und von dort wird die Gerechtigkeit kommen,
für die Lebenden und die Toten.
Den Heiligen Geist begreife ich immer noch nicht,
egal – wenn's wirkt.
Ich glaube, dass Kirchen sich verständigen müssen,
als Gemeinschaft der Heilenden,
Vergebung der Sünden – eine tolle Sache,
Auferweckung – ich möchte dabei sein,
ewig leben. Super.

Ich glaube …
dass alles wieder gut wird.
an nichts.
an Gott.
an mich selbst.
dass Frieden nicht möglich ist.
an das Gute im Menschen.
dass Geld Gott ist.
dass nach dem Tod alles vorbei ist.
an eine Gerechtigkeit nach dem Tod.
an den technologischen Fortschritt.
an die Heilkraft der Natur.

Schüleraussagen

*I believe I can fly
I believe I can touch the sky
I think about it every night and day
spread my wings and fly away
I believe I can soar
I see me running through that open door
I believe I can fly*

- Vergleichen Sie die Glaubensbekenntnisse.
- Beschreiben Sie, wie sich Ihr Glaube entwickelt hat. Glaubten Sie als Kind anders als heute? Wie werden Sie im Alter voraussichtlich glauben?
- Erklären Sie, warum Jugendliche an sehr unterschiedliche Dinge glauben.
- Was glaubt der, der nicht glaubt?

Sehnsucht nach Religiösem

Juden und Muslime bekennen

Sch'ma Israel
Höre, Israel, der Herr ist unser Gott, der Herr ist einzig.
Und du sollst den Herrn, deinen Gott, lieben mit deinem ganzen Herzen
und mit deiner ganzen Seele
und mit deiner ganzen Kraft.
Und diese Worte, die ich dir heute befehle, sollen in deinem Herzen sein.
Und du sollst sie deinen Kindern einschärfen,
und du sollst von ihnen sprechen, wenn du in deinem Haus sitzt
und wenn du auf dem Weg gehst
und wenn du dich hinlegst
und wenn du aufstehst.
Und du sollst sie dir als Zeichen auf deinen Arm binden,
und sie sollen Merkzeichen zwischen deinen Augen sein.
Und du sollst sie auf die Pfosten deines Hauses und an deine Tore schreiben.

Das Sch'ma Israel (hebr. „Höre, Israel") ist das wichtigste jüdische Gebet, es wird mehrmals am Tag gesprochen. Es ist das jüdische Glaubensbekenntnis an den einen Gott und besteht aus Tora-Abschnitten. Der erste wichtige ist aus dem 5. Buch Mose, dem Buch Deuteronomium 6:4-9. Das Sch'ma Israel ist das erste Gebet, das ein jüdisches Kind lernt, und es sind oft die letzten Worte, die Juden vor ihrem Tod sagen.

Ich bezeuge,
dass es keine Gottheit außer Gott gibt
und dass Muhammad der Gesandte Gottes ist.

Die erste der Grundpflichten, der fünf Säulen des Islams (siehe S. 16), ist das muslimische Glaubensbekenntnis.
Mit dieser Gebetsformel bekennen sich MuslimInnen eindeutig zum Monotheismus und zu <u>Muhammad</u> als Prophet. <u>Schiiten</u> fügen meist noch folgenden Satz hinzu: „O Gott, segne Muhammad und seine Familie."

- ■ Vergleichen Sie das christliche Glaubensbekenntnis mit dem der Juden und dem der Muslime. Diskutieren Sie, warum gerade diese Texte zur zentralen Glaubensaussage wurden.
- ■ Stellen Sie Glaubensaussagen zusammen, die für alle Religionen Gültigkeit haben könnten.

Juden glauben

▶ Die Juden glauben an einen Gott (Monotheismus). Der Urvater Abraham hatte sich von der Verehrung vieler Götter (Polytheismus) dem einen Gott Israels zugewandt. Gott hat mit seinem auserwählten Volk einen Bund der Treue geschlossen. Die Juden sollen dafür immer an Gott denken, ihm dienen und seine Gesetze befolgen.
Die wichtigsten Glaubensvorschriften stehen in der Tora (Lehre, Gesetz). Es sind die sogenannten fünf Bücher Mose – Genesis, Exodus, Levitikus, Numeri und Deuteronomium. Die Torarollen mit dem handgeschriebenen Text werden im Schrein der Synagoge aufbewahrt.

Die Alte Synagoge in Essen wurde im Jahr 1913 als „Neue Synagoge" eröffnet. Im November 1938, in der Reichspogromnacht, wurde sie von den Nationalsozialisten angezündet und danach nicht mehr von der jüdischen Gemeinde genutzt. Nach unterschiedlichen Nutzungen dient sie heute als Begegnungsstätte zwischen den Religionen und Kulturen.

WIE GROSS IST DAS Judentum?

Auf der Welt leben über sechs Milliarden Menschen. Davon sind etwa zwei Milliarden Christen und 1,3 Milliarden Muslime. Neben diesen enormen Zahlen stehen gegenwärtig weltweit etwa 13 bis 15 Millionen Juden. Ein Grund für die geringe Expansion ist die Tatsache, dass Juden nicht missionieren, also keine neuen Anhänger ihrer Religion werben. Die Vernichtung der Juden durch die Nationalsozialisten hat darüber hinaus bis heute ungeheure Verwundungen hinterlassen: Der Schoah fielen etwa sechs Millionen Jüdinnen und Juden zum Opfer.
Heute leben knapp sechs Millionen Juden in den USA, über fünf Millionen in Israel. In Deutschland leben etwa 100.000 Jüdinnen und Juden.

WER SIND DIE JUDEN?

Als Jüdin oder Jude wird man geboren. Jüdisch ist, wessen Mutter Jüdin ist. (Außerdem kann man unter bestimmten Bedingungen zur jüdischen Religion übertreten, d. h. konvertieren, genauso, wie man das Bekenntnis anderer Religionen annehmen kann.) Die Juden bilden dadurch nicht nur eine Religionsgemeinschaft, sondern auch ein Volk.
Erst seit der Mitte des 20. Jahrhunderts gibt es wieder einen jüdischen Staat, den Staat Israel. Jahrhundertelang hatten die Juden kein nationalstaatliches Territorium und gehören daher bis heute den unterschiedlichsten Nationen an.
Judentum kann also mit verschiedenen Vokabeln umschrieben werden: Religion, Volk, Kultur, Glaube, Glaubens-, Schicksals- oder Traditionsgemeinschaft.
Die jüdische Religionswissenschaftlerin Ruth Lapide hat auf die Frage „Wer ist Jude?" folgende Antwort parat: „Jude ist man, wenn man als Jude geboren wird, hineinkonvertiert oder nicht hinauskonvertiert."

> **AUS DEM BUCH EXODUS**
> **20:3** Du sollst neben mir keine anderen Götter haben.

▪ Sammeln Sie weitere Informationen zum Judentum und präsentieren Sie diese.

TIPP
Besuchen Sie eine Synagoge.

Sehnsucht nach Religiösem **15**

Muslime glauben

Die Stadt Mekka ist der Geburtsort des Propheten Muhammad und der heiligste Ort des Islams. Alle Muslime weltweit beten in Richtung Mekka. Die Kaaba wird von den Pilgern im Gebet umrundet.

▶ Der Islam ist mit circa 1,3 Milliarden Anhängern nach dem Christentum, das ungefähr 2,1 Milliarden Anhänger hat, die zweitgrößte Religion der Welt. Er ist eine streng monotheistische Religion, d. h. betont die Einheit Gottes (vgl. S. 10). Von Gott (arab.: Allah) sind 99 Namen bekannt, die sein Wesen beschreiben. Dazu gehören: der Beherrscher des Universums, der Erschaffer, der Verzeihende … Aus den vielen Namen wird erfahrbar, dass Gott der Alles-Bezwinger, der zu allem Fähige und der Gerechte ist. Ebenso ist er gütig, barmherzig und gnädig. MuslimInnen rufen sich mit einer Gebetsschnur die 99 Namen Gottes in Erinnerung.

Das heilige Buch ist der Koran, der für die Gläubigen das unverfälschte Wort Gottes ist. Nach muslimischer Überlieferung wurde er dem Propheten über Jahre hinweg vom Erzengel Gabriel offenbart. [Muhammad](), der nicht lesen konnte, diktierte diese Worte seinem Schreiber in den 114 Suren (Kapitel) des Korans.

Der Islam ist nicht nur Religion, sondern für viele Muslime zugleich ein verbindliches soziales und politisches Wertesystem.

Die fünf Säulen des Islams sind: das Glaubensbekenntnis, das Gebet, das Almosengeben, das Fasten und die Pilgerfahrt nach Mekka.

■ Führen Sie Interviews mit Muslimen über deren Glauben. Sammeln Sie weitere Informationen zum Islam. Präsentieren Sie Ihre Ergebnisse in Form einer Wandzeitung.

■ Analysieren Sie, wie in ausgewählten Tageszeitungen über das „Problem der Integration" von Muslimen in Deutschland berichtet wird. Vergleichen Sie mit Ihrem Alltag: Ist die Integration ein Problem?

■ Stellen Sie ein Programm für gelingende Integration auf.

TIPP
Besuchen Sie eine Moschee: Vergleichen Sie die Gebäudeteile mit denen in Kirchen. Was ist ähnlich – was ist unterschiedlich?

WIE BETEN MUSLIME?
Fünfmal am Tag ruft der Muezzin vom Minarett der Moschee die Gläubigen zum rituellen Pflichtgebet. Vor allem freitags findet das Gebet in der Moschee statt.

WARUM FASTEN MUSLIME?
Fasten im Monat Ramadan ist für Muslime eine Form des Gottesdienstes. Es wird den Gläubigen in Sure 2:183 vorgeschrieben: „O ihr, die ihr glaubt, vorgeschrieben ist euch das Fasten, wie es den Früheren vorgeschrieben ward; vielleicht werdet ihr gottesfürchtig."

WAS IST EIN IMAM?
Der Imam ist der Leiter des Gebets in einer Moschee. Er steht vor den Reihen der Betenden und spricht das Gebet vor. Im Islam gibt es keine geweihten Priester.

WARUM DÜRFEN MUSLIME KEINEN ALKOHOL TRINKEN?
Der Koran verbietet den Gläubigen den Konsum von Alkohol und anderen Rauschmitteln, da sie den freien Willen vernebeln und der Schaden den möglichen Nutzen überwiegt.

WAS BEDEUTET SCHARIA?
Die Scharia ist das religiös begründete, unabänderliche Gesetz des Islams. Es regelt sowohl religiöse als auch soziale und staatsbürgerliche Angelegenheiten. Die praktische Umsetzung der Scharia in islamisch geprägten Ländern ist sehr unterschiedlich. In Deutschland befolgen viele Muslime die Scharia im Privatbereich und erkennen die Rechtsnorm des Staates, das Grundgesetz, an.

Kirche beginnt

Albrecht Dürer, Der Apostel Paulus, 1526

AUS DEM Matthäus-Evangelium
28:16 Die elf Jünger gingen nach Galiläa auf den Berg, den Jesus ihnen genannt hatte.
28:17 Und als sie Jesus sahen, fielen sie vor ihm nieder. Einige aber hatten Zweifel.
28:18 Da trat Jesus auf sie zu und sagte zu ihnen: Mir ist alle Macht gegeben im Himmel und auf der Erde.
28:19 Darum geht zu allen Völkern, und macht alle Menschen zu meinen Jüngern; tauft sie auf den Namen des Vaters und des Sohnes und des Heiligen Geistes,
28:20 und lehrt sie, alles zu befolgen, was ich euch geboten habe. Seid gewiss: Ich bin bei euch alle Tage bis zum Ende der Welt.

AUS DER Apostelgeschichte
2:38 Petrus antwortete ihnen: Kehrt um, und jeder von euch lasse sich auf den Namen Jesu Christi taufen zur Vergebung seiner Sünden; dann werdet ihr die Gabe des Heiligen Geistes empfangen.
2:39 Denn euch und euren Kindern gilt die Verheißung und all denen in der Ferne, die der Herr, unser Gott, herbeirufen wird.
2:40 Mit noch vielen anderen Worten beschwor und ermahnte er sie: Lasst euch retten aus dieser verdorbenen Generation!
2:41 Die nun, die sein Wort annahmen, ließen sich taufen. An diesem Tag wurden (ihrer Gemeinschaft) etwa dreitausend Menschen hinzugefügt.
8:1b An jenem Tag brach eine schwere Verfolgung über die Kirche in Jerusalem herein. Alle wurden in die Gegenden von Judäa und Samarien zerstreut, mit Ausnahme der Apostel.
8:3 Saulus aber versuchte die Kirche zu vernichten; er drang in die Häuser ein, schleppte Männer und Frauen fort und lieferte sie ins Gefängnis ein.

Wie sah der Apostel Paulus aus?

Zum Paulusjahr 2008 hat das Landeskriminalamt (LKA) in Düsseldorf ein Phantombild des Apostels Paulus aus Tarsus erstellt. Der Dargestellte sei nicht zur Fahndung ausgeschrieben, teilte das LKA mit. Die Abteilung „Visuelle Fahndung" erstellte das Porträt der biblischen Figur zur Bebilderung eines Buches des Historikers Michael Hesemann. Das Bild entstand am Computer auf der Grundlage von historischen Zeichnungen, Texten und Bildern, die Paulus aus dem südtürkischen Tarsus darstellen.

▶ Die ersten christlichen Gemeinden entstanden in Jerusalem nach der Erfahrung der Auferweckung Jesu Christi. Gemeindeleiter waren u. a. die Apostel Petrus, Jakobus und Johannes. Nach seiner Bekehrung vom Christenverfolger zum Apostel (vgl. Apg 9:1-22) war Paulus unermüdlich als Missionar unterwegs, er unternahm vier große Reisen, um die junge Gemeinde der Christen zu vergrößern. Nach Gemeindegründungen in Kleinasien gründete er in Philippi, Thessalonike und Korinth die ersten christlichen Gemeinden Europas.

- Besuchen Sie Ihren Pfarrer und sprechen Sie über seine Gemeinde.
- Erzählen Sie, was Sie über Paulus wissen.
- Informieren Sie sich über Missionarinnen und Missionare und Missionsorden heute.

Sehnsucht nach Religiösem

Urchristliche Gemeinden – Basisgemeinden

▶ Mit Urchristentum wird die zeitlich erste Phase in der Geschichte der Kirche und des Christentums bezeichnet. Sie setzt mit der Erfahrung der Auferweckung Jesu und mit der Wiederaufnahme seiner Verkündigung durch die Jünger ein. Die Urgemeinde sammelte sich in Jerusalem. Die Predigten richteten sich zunächst an Juden, und es kam zur Abspaltung vom Judentum. Danach folgten die Heidenmission und die Entstehung christlicher Gemeinden in institutionalisierteren Formen bis etwa in die erste Hälfte des 2. Jahrhunderts. Die kleinen Gemeinschaften versammelten sich zu Gebet und Herrenmahl. Im Urchristentum wurde mit dem bleibenden jüdischen Erbe nicht nur die Hebräische Bibel der Juden als Heilige Schrift auch der Christen anerkannt, sondern es bildete sich das Neue Testament als bleibende Norm für Lehre und Leben der Kirche heraus. Die spätere Kirche war immer darum bemüht, sich von diesem bleibenden Anfang nicht zu entfernen und die Berechtigung aller weiterer Entwicklungen an ihm zu messen, in der Glaubensüberzeugung, dass ein und derselbe göttliche Geist Glauben und Kirchesein am Anfang gewirkt hat und auch weiterhin garantiert.

- Recherchieren Sie im Internet zu den Projekten des SCI.
- Beschreiben Sie Ihre Vorstellungen vom Zusammenleben in einer Gemeinde.
- Informieren Sie sich über Basisgemeinden in Lateinamerika.

ACHT JUNGE MENSCHEN BESUCHEN DIE BASISGEMEINDE WULFSHAGENERHÜTTEN

Acht TeilnehmerInnen eines Workcamps des Service Civil International (SCI), einer gemeinnützigen Organisation, sind zurzeit Gast bei der Basisgemeinde Wulfshagenerhütten. Der christliche Glaube führt die Menschen aus Japan, Polen, Aserbaidschan und Tschechien nach Schleswig-Holstein, wo sie mit ihren deutschen Glaubensgeschwistern zusammen leben und arbeiten.

Etwa 60 Menschen leben als christliche Gemeinschaft miteinander – Familien, Alleinstehende und Kinder. Nach dem Vorbild der Urchristen möchten sie alle Lebensbereiche und allen Besitz miteinander teilen. Die Mitglieder und ihre Gäste arbeiten gemeinsam in einer Produktionswerkstatt für Holz-Spielgeräte, aber auch in der Hauswirtschaft, im eigenen Kindergarten und im Hausmeisterbereich. Ziel der Gemeinschaft ist die Beschäftigung mit dem Glauben, gemeinsames Wirtschaften und politisches Engagement als Antwort auf eine Welt voller Ungerechtigkeiten.

So hofft Utako Takizawa aus Japan, in der Ausübung des christlichen Glaubens und durch das Leben in der Gemeinschaft ihr Glück zu finden. „In Japan wird unendlich viel gearbeitet, um den Lebensstandard zu sichern oder zu erhöhen. Dort ist es schwer, sich auf die wesentlichen Werte des Lebens zu konzentrieren." „Mich reizt, dass diese Lebensgemeinschaften auch Sicherheit bedeuten", meint Farid Mammadow. Wer sich für das Leben in der Gemeinschaft entscheide, mache einen Schritt für sein Leben.

Sehnsucht nach Religiösem

In Ämtern dienen

Diakon

Außerhalb der Liturgie trägt der Diakon Zivilkleidung. In der Messfeier trägt er ein weißes Gewand, die Alba. Darüber wird die Stola (eine Art Schal) gelegt.

Der Diakonat ist zum einen eine Weihe auf dem Weg zum Priesteramt. Zum anderen gibt es den „ständigen Diakon" auf Lebenszeit. Verheiratete Männer ab 35 können sich zum Diakon weihen lassen.

Priester

Im Alltag trägt der Priester meist einen schwarzen Anzug mit weißem Kragen. Wenn er „Zivil" trägt, erkennt man ihn an einem kleinen Kreuz am Jackett. Während der Eucharistiefeier trägt er ein Messgewand und eine Stola.

Als Pfarrer ist er der Leiter einer Pfarrgemeinde.
Er steht der Eucharistiefeier vor und spendet die Sakramente.

Bischof

Zu feierlichen Anlässen außerhalb der Liturgie trägt der Bischof einen schwarzen Talar mit violetten Absetzungen und ein Scheitelkäppchen. Würdezeichen sind Ring und Brustkreuz. Zur Messfeier kommen Stab und Mitra (Bischofsmütze) dazu.

Der Bischof ist der Leiter einer Diözese. Bischöfe sind die Nachfolger des Apostels Petrus. Sie haben das Recht, Priester und andere Bischöfe zu weihen. Erzbischof ist ein Bischof, dessen Bistum andere Bistümer zugeordnet sind.

Kardinal

Der Kardinal trägt eine rote Schärpe und ein rotes Scheitelkäppchen („Kardinalspurpur"). Bei feierlichen Anlässen wurde früher ein seidener Schulterumhang getragen. Das Brustkreuz wird an einer Kette getragen.

Der Kardinal ist ein vom Papst dazu ernannter Bischof. Kardinäle sind nach dem Papst die höchsten Würdenträger der katholischen Kirche. Sie allein haben das Recht, einen neuen Papst zu wählen.

Papst

Die Tageskleidung des Papstes ist weiß. Zur Soutane trägt er einen Schulterumhang, ein Scheitelkäppchen und rote Schuhe. An einer goldenen Schnur oder Kette trägt er ein Kreuz. Die liturgische Kleidung unterscheidet sich kaum von der eines Bischofs.

Der Name Papst leitet sich vom lateinischen *papa* her und ist ein Ehrentitel für den Bischof von Rom. Der Papst ist Nachfolger des Apostels Petrus, Stellvertreter Christi und leitet die katholische Weltkirche.

Sehnsucht nach Religiösem

Oma glaubt, Papa manchmal, und der Jugend ist's egal

Was haben Sie davon, wenn Sie als Christ glauben?

OMA: Das ist doch klar, dass man an Gott glaubt. Wir sind ganz einfach im Glauben aufgewachsen und so erzogen worden, der gehört dazu, wie das Salz in der Suppe. Und ich weiß nicht, warum sich die Jüngeren immer seltener mit Glaubensfragen beschäftigen. In der Kirche sitze ich manchmal mit noch ein paar alten Frauen fast alleine im Gottesdienst. Vielleicht liegt es ja daran, dass es den Jungen einfach zu gut geht oder dass sie keinen Krieg erlebt haben? Die denken kaum mehr an etwas anderes als an Geld ... ich sehe das an meinem Sohn. Gestern hat er die Hände gefaltet und gebetet: *Bitte, lass die Aktie nicht auch noch in den Keller fallen.*
Glauben betrifft doch alle, nicht nur uns Alte und nicht nur Notsituationen. Da wird dann oft gespöttelt: *Kurz vor dem Tod gehen die halt sicherheitshalber in die Kirche.* Nein, so ist das nicht, wir sind mit Gott aufgewachsen ... und geschadet hat das nicht. Wenn man sieht, wie brutal die Welt geworden ist ...

ERWACHSENE/R: Ich habe es immer mit dem Spruch gehalten: *Hilf dir selbst, dann hilft dir Gott.* Ich allein bin für mich, meine Arbeit und mein physisches und psychisches Wohlergehen verantwortlich, da hilft mir kein Gott ... Und wenn man ihn am dringendsten bräuchte – dann fehlt er. Mir hilft auch keiner, wenn es mir schlecht geht. Manchmal denke ich schon, dass es so etwas wie einen Gott gibt, wenn mal wieder alles schiefläuft, familiär und beruflich. Da schicke ich schon mal ein Stoßgebet nach oben ... das kann ja nicht schaden.

JUGENDLICHE/R: Ich glaube schon an etwas, ich denke auch, dass es einen Gott gibt, aber der wohnt nicht in der Kirche. Und mein Glaube ist *meine* Angelegenheit, der geht niemanden etwas an. Privatsache! Mir ist egal, was die Kirche, der Pfarrer oder der Reli-Lehrer erzählen ... Meistens haben sie ja sowieso irgendwie recht. Mir ist es egal, was die anderen glauben, das muss man tolerieren, deshalb soll den anderen auch egal sein, was ich glaube.

- Setzen Sie die Karikatur in ein Rollenspiel um.
- Welche Vorstellungen von Glauben sprechen aus den einzelnen Statements?
- Recherchieren Sie bei Ihren Großeltern und Eltern, und vergleichen Sie deren Vorstellungen vom Glauben mit Ihrem Glauben.
- Beschreiben Sie, wie Glaube aussehen sollte, der Jugendlichen, Erwachsenen und alten Menschen Halt und Hoffnung gibt.
- Begründen Sie, warum es Ihnen nicht egal ist, was andere glauben.

20 Sehnsucht nach Religiösem

Fußball „götter" und Spielerreliquien

Angefangen hatte die „Vergötterung" des Ballsports 1954 mit Herbert Zimmermanns Reportage vom legendären WM-Endspiel in Bern. Der Reporter schwärmte über den deutschen Torwart: „Turek, du bist ein Teufelskerl! Turek, du bist ein Fußballgott!" 1986 prägte Diego Maradona das Wort von der „Hand Gottes", die bei seinem mit dem Arm erzielten Treffer in der WM-Begegnung gegen England im Spiel gewesen sei. Die Übergänge zwischen Fußball und Kult sind heute fließend, und immer wieder weist dieser Sport gewollte oder ungewollte Parallelen zur Religion auf. So verkündete Bundestrainer Jogi Löw die Nominierung des deutschen EM-Teams in einer grandiosen Inszenierung bibel- und alpengerecht von der Zugspitze herab, wie Mose die Zehn Gebote auf dem Berg Horeb empfangen hatte und sich Jesu Verklärung auf dem Berg Tabor vollzog. Jedes Fußballspiel der Ersten oder Zweiten Bundesliga kommt in mancherlei Hinsicht Liturgie und Brauchtum der Kirche nahe. Wie vor dem Gottesdienst lange die vorbereitende Besinnung und Einkehr stand, so stimmt sich der echte Fußballfan bereits eine knappe Stunde vor dem Anpfiff auf das Spiel ein. Betritt das eigene Team den Rasen zum Aufwärmen, ist ihm der Applaus sicher, während der Gegner mit Pfiffen empfangen wird. Anschließend demonstrieren die Anhänger beider Teams ihre Stimmkraft mit ersten Fangesängen, begleitet oder unterbrochen vom Stadionsprecher als Moderator. Hat nicht jüngst die gläubige Gemeinde ähnlich den Abschlussgottesdienst des 97. Deutschen Katholikentages im Osnabrücker Fußballstadion Illoshöhe eingeleitet?

Dramatisch wird vielerorts der Einzug der Mannschaften mit Klängen aus dem Film „Das Boot" unterlegt, bevor das Spiel mit der Seitenwahl und dem Anpfiff beginnt. Lässt sich im Gottesdienst die tätige Mitwirkung der Besucher für die vorgegebene Lied- und Gebetsfolge oft schwer wecken, so ist dies im Stadion leicht möglich. Die Verkündung eines Treffers für die Heimmannschaft unterliegt strengen Regeln in der Aufgabenteilung zwischen Stadionsprecher und Publikum – einschließlich der Schmähung des Gegners, wobei die Inbrunst der Besucher jedem Gottesdienst zur Ehre gereichen würde. Und nach dem Abpfiff treten die Akteure vor ihre Fangemeinde, um deren Huldigungen entgegenzunehmen – sofern die Mannschaft siegreich war. Manchmal werfen Spieler ihre Trikots in die Menge, die für die neuen Besitzer reliquienähnliche Bedeutung erlangen. Ein solches verschwitztes Textil zu waschen gilt vielen als Frevel. Vereinzelt gelangt ein solches Stück ins Zentrum altarähnlicher Präsentationen. Auswärtsspiele gleichen großen Wallfahrten, die die Identifikation mit der Mannschaft und das Zusammengehörigkeitsgefühl Gleichgesinnter nachhaltig stärken. Die Leidenschaft für den Verein oder die Nationalmannschaft wird durch Fahnen, Schals und andere Fan-Utensilien dokumentiert – ein Phänomen, das auch für die Weltjugendtage sowie Katholiken- und Kirchentage typisch ist.

■ Legen Sie eine zweispaltige Tabelle an und zeigen Sie die Parallelen zwischen Gottesdienst und Fußballspiel auf.

Gottauto

Er kniete sich nieder, tauchte seine rechte Hand vorsichtig ins Wasser. Es war nicht zu kalt, aber auch nicht zu heiß. Feine Schaumbläschen glänzten regenbogenfarben. Andächtig schaute er zum silbernen kreuzartigen Stern, der wie im Zentrum eines Altares vor ihm aufragte. Fast zärtlich strich sein Schwammhandschuh über die verchromte Kühlerhaube. Bald würde sein allsamstägliches Ritual beendet sein. Wenigstens der erste Teil. Nach der Nasswäsche kam das Trocknen und danach das Schönste, der Höhepunkt ... die Politur. Mit einem verklärten Lächeln dachte er schon ein paar Schritte voraus. Sanft würde er die milchige Politurpaste auf dem Lack mit dem Metallic-Effekt verreiben ... und dann das Highlight ... mit dem Baumwollpoliturhandschuh würde er sein Auto glänzend streicheln. Eigentlich streichelte er sein Auto länger, mal zeitlich gesehen, als seine Frau und seine Kinder. Und wenn dann der sakrale Akt der Säuberung abgeschlossen war, würde er sein geheiligtes Blech, das Allerheiligste, wieder in seinen Tempel fahren. In die beheizbare und dauerbelüftete Garage. So hatte der Rostteufel keine Chance. Liebevoll blickte er zum wiederholten Male zum glänzenden Chrom. Sein Gesicht verzerrte sich im Chromspiegel zu einer breiten Froschmaske. Nur schade, dass er nicht mehr fahren durfte. Aber in einem Vierteljahr hatte er den Führerschein wieder, ... und so lange konnte er ja wenigstens putzen.

AUS DEM BUCH EXODUS
32:7 Da sprach der Herr zu Mose: Geh, steig hinunter, denn dein Volk, das du aus Ägypten heraufgeführt hast, läuft ins Verderben.
32:8 Schnell sind sie von dem Weg abgewichen, den ich ihnen vorgeschrieben habe. Sie haben sich ein Kalb aus Metall gegossen und werfen sich vor ihm zu Boden. Sie bringen ihm Schlachtopfer dar und sagen: Das sind deine Götter, Israel, die dich aus Ägypten heraufgeführt haben.

- Berechnen Sie, wie viel Zeit und Geld Sie in Ihr Fahrzeug, Ihre Fahrzeuge investieren.
- Schildern Sie ein Leben ohne Führerschein.
- Diskutieren Sie den Satz: „Die Franzosen geben ihr Geld für Essen aus – die Deutschen für ihr Auto."
- Schreiben Sie eine Geschichte: Das Goldene Kalb Auto.

Highway Star

Nobody gonna take my car
I'm gonna race it to the ground
Nobody gonna beat my car
It's gonna break the speed of sound
Oooh it's a killing machine
It's got everything
Like a driving power,
big fat tyres and everything
I love it, and I need it
I bleed it
Yeah, it's a wild hurricane
Alright, hold tight,
I'm a highway star

Deep Purple

Mein Auto heißt Schnuffel.
Ohne Auto ist man nur ein halber Mensch!
Das Auto ist mein Hobby.
Ein Auto kann sich heute jeder leisten.
Ich stecke im Jahr über 5000 Euro in mein Auto.
Mit einem tollen Auto ist man eine ganz andere Persönlichkeit.
Autos sind Scheiße: Sie verpesten die Umwelt, machen Lärm und kosten Geld.

Sehnsucht nach Religiösem

Bauen auf „Kies"

„Wir sehen jetzt durch den Zusammenbruch der großen Banken, dass Geld einfach verschwindet, dass es nichts bedeutet und dass alle Dinge, die uns so wichtig erscheinen, in Wirklichkeit zweitrangig sind", sagte das Oberhaupt der katholischen Kirche bei der Bischofssynode in Rom. „Wer das Haus seines eigenen Lebens nur auf sichtbare und materielle Dinge – Erfolg, Karriere und Geld – aufbaut, der baut auf Sand", erklärte Benedikt XVI. weiter. Das Wort Gottes sei die einzig dauerhafte Realität.

Papst Benedikt XVI., Oktober 2008

Wer den Pfennig nicht ehrt, ist des Talers nicht wert.

Geld allein macht nicht glücklich.

Eigentlich ist das doch völlig klar. Das kann ja gar nicht funktionieren mit den Banken. Ich dachte immer, eine Bank hat einen Keller, gut gesichert, in den legen sie das Geld ihrer Kunden, der Sparer. Für ihre Kunden – also mich – kaufen sie ganze Innenstadtregionen auf, um wunderschöne gläserne Gebäude daraus zu machen, damit sie das viele Geld der Kunden darin lagern können. Auch die sicheren Safes sind bestimmt nicht billig. Und dann das gut gekleidete Personal ... vor allem in den Chefetagen will man ja auch leben. Und jetzt kommt der Hammer ... nun geben die uns Sparern sogar noch Geld dafür, nämlich Zinsen, dass sie unser Geld aufbewahren dürfen. Das kann ja nur zum Bankrott führen. Viele Menschen, die ich kenne, haben ihr Geld auf der Bank, viele bekommen Zinsen. Da kommen summa summarum schon ein paar Euro zusammen.

Und dann wollte ich vor Kurzem für den Urlaub mit der Familie in der Filiale, wo ich mein ganzes Erspartes habe, Geld für diesen Urlaub abheben. Das adrette Fräulein tippte etwas in den Computer ein und meinte freundlich lächelnd ... So viel Geld hätte sie nicht hier, das müsse sie anfordern. Ich fragte: „Und im Keller?" Sie schaute mich verständnislos an: „Wir haben hier gar keinen Keller."

Seither hege ich den leichten Verdacht ... die machen irgendwas mit meinem Geld, was ich als Nichtbänker gar nicht begreifen kann.

AUS DEM BUCH DER SPRICHWÖRTER
17:16 Wozu denn Geld in der Hand des Toren? Etwa um Weisheit zu kaufen, da ihm doch der Verstand fehlt?

AUS DEM Lukas-Evangelium
18:18 Einer fragte ihn: Was muss ich tun, um das ewige Leben zu gewinnen?
18:22 Als Jesus das hörte (dass er die Gebote befolgte), sagte er: Eines fehlt dir noch: Verkauf alles, was du hast, verteil das Geld an die Armen, und du wirst einen bleibenden Schatz im Himmel haben; dann komm und folge mir nach!
18:23 Der Mann aber wurde sehr traurig, als er das hörte; denn er war überaus reich.
18:24 Jesus sah ihn an und sagte: Wie schwer ist es für Menschen, die viel besitzen, in das Reich Gottes zu kommen!
18:25 Denn eher geht ein Kamel durch ein Nadelöhr, als dass ein Reicher in das Reich Gottes gelangt.
18:26 Die Leute, die das hörten, fragten: Wer kann dann noch gerettet werden?

- Diskutieren Sie die Texte auf dieser Seite.
- Definieren Sie Ihre eigene Einstellung zum Geld.
- Spielen Sie ein Rollenspiel: Der Bankmanager trifft auf einen verunsicherten Sparer.
- Sammeln Sie Sprüche zum Thema Geld.

Engelsrauch und Schlangenbrotaufstrich – Religiöses wirkt

▶ Religiöse Symbole und Anspielungen kommen in der Werbung häufig vor. Himmel, Hölle, Paradies, Engel und Teufel, aber auch Nonne und Priester reizen Werbefachleute. Werbung hat die schwierige Aufgabe, Menschen zu motivieren, Geld für ein Produkt auszugeben, das sie meist gar nicht brauchen. Es reicht nicht mehr aus zu sagen: „Unser Produkt ist das beste!" Die Adressaten der Werbung sollen vielmehr auf einer emotionalen Ebene getroffen werden, es sollen persönliche Erinnerungen oder Wünsche geweckt werden, und dies gelingt mit religiösen Elementen sehr gut.

Oft wird angemahnt, dies sei ein Missbrauch christlicher Symbole. Es zeigt aber auch, dass religiöse Elemente in unserer säkularen Gesellschaft eine bedeutende Rolle spielen und dass dieses Wecken von persönlichen Erinnerungen mit religiösen Metaphern immer noch gelingt.

Dass dabei die religiöse Botschaft verzerrt wird, ist offensichtlich. Kein Zigaretten-Käufer glaubt, dass er mit dem Erwerb engelähnlich wird.

Engel und Teufel

Die verführerische Nonne

Das Paradies

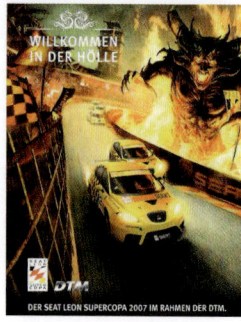

Himmel und Hölle

■ Sammeln Sie Druck-Werbung, die religiöse Elemente enthält, und gestalten Sie daraus ein Plakat.
Finden Sie un/passende Bibelstellen dazu, die zum Schmunzeln einladen und einen ironischen Zugang zur Werbung zulassen.

Religiöses rockt

DIE ZEHN GEBOTE

Einmal hat Gott der Welt erklärt:
Nur ich allein bin der Herr!
Ich dulde keine Götter neben mir,
du sollst immer nur mich verehren.
Sprich meinen Namen nicht unnütz aus,
quäl dich sechs Tage, bleib am siebten zu Haus.

Ich schuf den Himmel und die Erde und auch das Meer,
einmal in der Woche dankst du mir dafür.
Ehre deine Eltern, damit du lange lebst,
in diesem Land, das der Herr dir gibt!

Du sollst nicht töten und du sollst nicht stehlen
und du sollst in der Ehe nicht fremdgehen.
Du sollst nicht lügen und nichts Falsches erzählen,
ein ehrliches, redliches Leben wählen.
Das Haus und die Frau deines Nächsten nicht begehren
und nichts von dem, was deinem Nächsten gehört.

Wenn ich du wär, lieber Gott,
und wenn du ich wärst, lieber Gott,
glaubst du, ich wäre auch so streng mit dir?
Wenn ich du wär, lieber Gott,
und wenn du ich wärst, lieber Gott,
würdest du die Gebote befolgen,
nur wegen mir?

Gott war verzweifelt, als er sich ansah,
seine Kinder haben jeden Tag neu versagt.
Zur Rettung hat er uns seinen Sohn geschickt,
doch der starb umsonst, denn nichts änderte sich.
Und jede Warnung, jede Drohung, die vom Himmel kam,
wurde überhört von den Schafen des Herrn.

Und jeden Tag versagen wir ein weiteres Mal,
und jeden Tag versagen wir ein weiteres Mal ...
Wenn ich du wär, lieber Gott,
und wenn du ich wärst, lieber Gott,
glaubst du, ich wäre auch so streng mit dir?
Wenn ich du wär, lieber Gott,
und wenn du ich wärst, lieber Gott,
würdest du die Gebote befolgen,
nur wegen mir?

Die Toten Hosen

ENGEL

Rammstein-T-Shirt „Heirate mich"

**Wer zur Lebzeit
gut auf Erden,
wird nach dem Tod
ein Engel werden,
den Blick 'gen Himmel
fragst du dann,
warum man sie nicht sehen kann.**

**Erst wenn die Wolken schlafen gehen,
kann man uns am Himmel sehen.
Wir haben Angst und sind allein.**

Gott weiß, ich will kein Engel sein.

**Sie leben hinter'm Sonnenschein,
getrennt von uns, unendlich weit.
Sie müssen sich an Sterne krallen,
damit sie nicht vom Himmel fallen.**

**Erst wenn die Wolken schlafen gehen,
kann man uns am Himmel sehen.
Wir haben Angst und sind allein.**

Gott weiß, ich will kein Engel sein. *Rammstein*

- Suchen Sie Engel-Texte und vergleichen Sie diese mit dem Rammstein-Text.
- Vergleichen Sie den Tote-Hosen-Text mit Exodus 20:1-2.

Religiöses in der Kunst

Johannes Weigle, Kunst und Religion, 2005

Maurizio Cattelan, Untitled, 2007

- Bilden Sie zwei Gruppen, jede wählt eines der Bilder. Schreiben Sie auf, was Ihnen spontan zu „Ihrem" Bild einfällt.
- Drucken Sie beide Bilder groß aus und rahmen Sie diese mit geeigneten kurzen Textstellen aus der Bibel und aus Zeitschriften.
- Deuten Sie zusammen mit den Textstellen die Bilder und stellen Sie Ihre Ergebnisse der jeweils anderen Gruppe vor.

Orientierungswissen 1: Sehnsucht nach Religiösem

Es zeichnet die Menschen aus, dass sie immer auf der Suche sind nach einem „Mehrwert des Lebens". Menschen fragen nach dem Woher und Wohin. Aus diesem Grunde sind sie immer auf der Suche. In diesem Sinne kann man sagen: Die Menschen sind „unheilbar religiös". Auch in einer Gesellschaft und Umwelt, in der Religion kaum mehr eine Rolle zu spielen scheint, zeigen beispielsweise die religiösen Symbole in der Werbung, in der Kunst und im Film, dass die religiöse Suche zum Menschen gehört und nicht ausgeblendet werden kann.

ORIENTIERUNG
FÜR MEIN LEBEN

Menschsein bedeutet, immer auf der Suche zu sein: Auch wenn die religiösen Fragen in bestimmten Phasen des Lebens keine Rolle spielen, ist es wichtig, dieses Fragen nie ganz aufzugeben. Junge Menschen können dabei besonders radikal fragen. Dies ist nicht nur erlaubt, sondern eine wichtige Phase im Suchprozess eines Menschen. Jugendliche können Gott auch „entgegenzweifeln".

ORIENTIERUNG
FÜR MEIN HANDELN

Viele, gerade auch junge Menschen glauben fest an ein „höheres Wesen", an ein Leben nach dem Tod oder daran, dass ihre Bitten einen Sinn haben. Auch wenn sie keiner Kirche angehören, sind sie doch religiös Suchende. Es ist dabei aber auch von Bedeutung, danach zu fragen, wer denn dieses „höhere Wesen" sein kann und welche Bedeutung es für meinen Glauben und mein Leben hat. Ist dieses „höhere Wesen" eine „Kraft", eine „Energie"? Oder knüpfen sich die eigenen Hoffnungen an einen Gott, der Mensch geworden ist, der mit den Menschen geht und der auch heute noch lebendige Kraft entfaltet?

ORIENTIERUNG
FÜR MEINEN GLAUBEN

Feste feiern

TINA UND PAUL

PAUL: Hallo Tina, kommst du heute Abend zum Fest?
TINA: Ich weiß nicht, das letzte Mal war das nur eine Sauferei. Und die Schlägerei zum Abschluss ... Darauf kann ich verzichten!
PAUL: Na und? Man kann nach dem Schulstress am Wochenende auch mal abfeiern.
TINA: Feiern, du sagst es! Aber das hat ja mit Feiern nichts zu tun. Und außerdem wird mir das langsam zu teuer ... jedes Wochenende.
PAUL: Dann mach halt mal einen anderen Vorschlag!
TINA: Die meisten kommen doch bloß wegen dem Saufen. Es muss ja nicht immer das gleiche Schema sein ... Gemeinsames Rumstehen mit der Bierflasche und kein Wort verstehen.
PAUL: Ja, und was willst du? Ein Folkloretänzchen mit Händchenhalten und anschließender Diskussion?
TINA: Nein, bestimmt nicht ... Aber Tanzen und Reden und schön Essen, das kommt einfach zu kurz. Ich möchte nicht nur saufen und von einer Musik zugedröhnt werden, bei der ich das eigene Wort nicht mehr verstehe ... einfach ein bisschen mehr Festkultur!
PAUL: Dann biete doch einen Kochkurs an: Essen und feiern mit Tina.
TINA: Eigentlich gar keine schlechte Idee.

Projektidee
Bereiten Sie ein Klassenfest vor. Laden Sie Freunde, Lehrkräfte, Eltern und Großeltern dazu ein.

Paaaarty – feste festen

Berlin – Heute Nacht starb ein Berliner Gymnasiast, der vor einem Monat mit 4,8 Promille ins Krankenhaus eingeliefert wurde und seitdem im Koma lag. Der 16-Jährige soll bei einer sogenannten Flatrate-Party in einer Bar, bei der die Gäste zum Pauschalpreis so viel trinken können, wie sie wollen, mehr als 50 Gläser Tequila getrunken haben.
Der Junge sei eingenickt, dann habe er sich übergeben. Sie hätten ihn auf die Seite gelegt, plötzlich sei sein Gesicht blau angelaufen. Dann hätten sie Hilfe geholt, berichtete ein Mädchen.
Der Wirt des Lokals, in dem der Jugendliche kollabierte, äußerte sich im Interview vor zwei Wochen: Das Herz des Jungen habe einen letzten starken Schlag getan, dann hätten die Helfer keinen Puls mehr gespürt und sofort mit den Wiederbelebungsmaßnahmen begonnen. Er betonte, in seiner Kneipe habe der junge Mann keinen Schnaps bestellt. Lukas B. habe bei ihm ein Bier geordert, später sei er dann zusammengebrochen.

AUS DEM BRIEF AN DIE EPHESER
5:18 Berauscht euch nicht mit Wein – das macht zügellos –, sondern lasst euch vom Geist erfüllen!

„PARTY" IN DER SUCHMASCHINE:
Ergebnisse 1-10 von ungefähr 936.000.000 für Party.

Am vergangenen Wochenende wurde in Berlin eine 15-Jährige mit einer Alkoholvergiftung und Unterkühlung ins Krankenhaus eingeliefert. Sie hatte einen Blutalkoholwert von über 4,0 Promille. Das Mädchen soll in einem Volkspark mit anderen Jugendlichen getrunken haben. Nach Polizeiangaben stürzte sie und wurde bewusstlos.
Nach einer Studie des Robert-Koch-Instituts erleben Berliner Schüler ihren ersten Rausch im Schnitt mit 13 Jahren. Erstmals in Kontakt mit Alkohol kommen sie schon gut ein Jahr früher. Nach Angaben der Bundeszentrale für gesundheitliche Aufklärung hat bundesweit bereits mehr als ein Drittel der 12- bis 17-Jährigen einen Alkoholrausch erlebt.

- Formulieren Sie Party-Sprüche für ein Fest ohne Alkoholexzesse.
- Definieren Sie: Was ist eine Party – was ist ein Fest?
- Wie würden Sie Ihrem Kind (Teenager) einen positiven Umgang mit Alkohol bei Festen erklären?
- Nennen Sie weltliche und religiöse Feste. Wie feiern Sie diese?

TIPP
Bereiten Sie ein Klassenfest vor. Diskutieren Sie den Umgang mit Alkohol auf diesem Fest. Stellen Sie Regeln auf und halten Sie sie ein.

Feste gestalten

AUS DEM BUCH EXODUS
23:14 Dreimal im Jahr sollst du mir ein Fest feiern.
23:15 Du sollst das Fest der Ungesäuerten Brote halten. Im Monat Abib sollst du zur festgesetzten Zeit sieben Tage lang ungesäuertes Brot essen, wie ich es dir geboten habe. Denn in diesem Monat bist du aus Ägypten ausgezogen. Man soll nicht mit leeren Händen vor mir erscheinen.
23:16 Du sollst auch das Fest der Ernte, des ersten Ertrags deiner Aussaat auf dem Feld, halten, ebenso das Fest der Lese am Ende des Jahres, wenn du den Ertrag deines Feldes eingebracht hast.

■ Diskutieren Sie die Tipps für eine gute Festkultur.
■ Recherchieren Sie, was im Alten Testament und im Neuen Testament gemeint ist, wenn von Fest oder Feier die Rede ist.

Eine Veranstaltung im Sinne einer gepflegten Festkultur und eine wilde Party, auf der junge Leute sich wohlfühlen, müssen kein Gegensatz sein. Die meisten VeranstalterInnen möchten ihre Gäste bestens unterhalten und bewirten. Sie haben selbst kein Interesse am „Abgleiten" ihrer Veranstaltung. Denn manche Gäste lassen sich auch vom vorauseilenden schlechten Ruf einer Veranstaltung abschrecken.

Ein Fest zu veranstalten, bedeutet eine Menge Arbeit. So manchen Verantwortlichen steht schon vor der Eröffnung ein „Nie wieder!" ins Gesicht geschrieben, ehe sie abends von der eigenen Security nach Hause gebracht werden müssen. Diagnose: Übernommen! Nicht wenige Feste leiden unter einem „zu viel" – zu viele Programmpunkte, zu viele Besucher, zu lange Dauer, zu viel Alkohol. Es liegt allein in der Verantwortung der VeranstalterInnen, das Angebot angenehm und überschaubar zu halten. Entscheiden Sie sich für eine Zielgruppe und überlegen Sie eine angemessene Festdauer. Gewähren Sie nur so vielen Gästen Zutritt, wie es die Raumgestaltung zulässt. Geben Sie Ihrem Fest eine Richtung, ein Motto. Damit verhindern Sie, dass Ihnen die „Dynamik" des Festes entgleitet und sich die lautstärkste Gruppe durchsetzt – zum Leidwesen der anderen.

FEST IM GRIFF IN ZEHN SCHRITTEN

1. Beginn und Ende des Festes an die Hauptzielgruppe anpassen.
2. Eine/n Fest-Verantwortliche/n festlegen, die/der für Zeitrahmen und Jugendschutz zuständig ist.
3. Der Eingangsbereich ist Durchgangsschleuse – ein Sicherheitsblick in die Rucksäcke.
4. Kontrollbänder oder Stempel zur Alterskennzeichnung verwenden.
5. An Jugendliche (unter 16 Jahren) und Alkoholisierte keinen Alkohol ausschenken (Spirituosen und Alkopops erst ab 18).
6. Das Jugendschutzgesetz für alle sichtbar am Festgelände aufhängen.
7. Das Bar-, Schank- und Servicepersonal im Umgang mit Alkohol schulen.
8. Das Fest unter ein Motto stellen und zusätzliche Sport- und Freizeitaktivitäten anbieten.
9. Chill-out Räume oder gemütliche Treffpunkte einrichten, wo weniger getrunken wird.
10. Taxi- und Shuttledienste für einen sicheren Heimweg organisieren.

Christen feiern ...

▶ Überall auf der Welt feiern Menschen durch das Jahr hindurch wiederkehrende, aber auch einmalige Feste. Es gibt weltliche und religiöse Feste. Religiöse Feste dienen dazu, sich seiner eigenen Religiosität bewusst zu werden und den Glauben und die Gemeinschaft mit anderen Gläubigen zu stärken. Sie erinnern an die Geschichte und Beziehung zu Gott und andere zentrale Personen und Ereignisse einer Religion.
Das *Kirchenjahr* der Christen beginnt mit dem 1. Adventssonntag. Es gliedert sich in den Weihnachtsfestkreis und den Osterfestkreis. Das Kirchenjahr stimmt in der katholischen und evangelischen Kirche weitgehend überein.

Vorfreude: Der Christbaum wird geholt.

WEIHNACHTSFESTKREIS
Weihnachten wird immer am 25. Dezember gefeiert, Christinnen und Christen gedenken der Geburt Christi. Orthodoxe Christen feiern Weihnachten am 6. Januar.
Epiphanie wird am 6. Januar gefeiert. Für Christen ist Epiphanie das Erscheinen Gottes in der Welt in Christus. Volkstümlich wird das **Dreikönigsfest** gefeiert.

OSTERFESTKREIS
Das älteste und wichtigste kirchliche Jahresfest ist **Ostern**, das Fest der Auferweckung Christi. Die Christen auf der ganzen Welt feiern, dass Jesus Christus den Tod überwunden hat. Das Osterdatum orientiert sich an der jüdischen Berechnung des Pessachfestes. Ostern wird am ersten Sonntag nach dem Frühlingsvollmond gefeiert. Dem Osterfest geht die **Fastenzeit** voraus. Die österliche Zeit endet mit dem ebenfalls am jüdischen Kalender orientierten **Pfingstfest** (*pente coste* = fünfzig Tage nach Ostern). Gemäß der Jahreszeit wird **Erntedank** im Herbst gefeiert.

Während in der katholischen Kirche das Andenken an die Verstorbenen an **Allerheiligen** (1. November) und **Allerseelen** (2. November) gefeiert wird, findet es in der evangelischen Kirche am **Ewigkeitssonntag** statt, am letzten Sonntag im kirchlichen Jahreskreis. Für Katholiken ist dieser letzte Sonntag das Fest **Christkönig**, zu Ehren der Königsherrschaft Jesu.

Die übrigen Kalendertage sind den unterschiedlichsten Heiligen und anderen wichtigen Persönlichkeiten des Christentums oder kirchengeschichtlichen Ereignissen gewidmet. Hier bestehen Unterschiede zwischen den Konfessionen.

Mama, stimmt es, dass ich in meinem früheren Leben ein Schoko-Nikolaus war?

Jetzt bist du aber still, du Saubub!

Österlicher Dialog

- Erinnern Sie sich an Ihr schönstes religiöses Fest und erzählen Sie davon.
- Beleuchten Sie den Kommerz um die christlichen Hochfeste kritisch.
- Beschreiben Sie, wie Sie Ostern und Weihnachten mit Kindern feiern würden.
- Wie feiert, wer nicht glaubt?

Feste feiern

Das höchste Fest der Christen

Franz Friedrich, Auferstehung, 2001

> Ostern ist das älteste und wichtigste Fest der Christen. Seit Mitte des 2. Jahrhunderts wird es jährlich zum Gedächtnis des Todes und der Auferweckung Jesu Christi gefeiert. Es ist Ausdruck der Freude, dass Jesus Christus den Tod besiegt hat, und zeigt, dass auch wir über den Tod hinaus hoffen können.
> Liturgischer Höhepunkt ist für die Katholiken die Feier der Osternacht, in der evangelischen Kirche ist es der Gottesdienst am Ostersonntag.
> Ostern gehört zu den christlichen Festen, deren Datum sich am Mondlauf orientiert und daher jedes Jahr anders ist. Alle beweglichen christlichen Feiertage werden vom Ostersonntag aus berechnet.

ZU OSTERN BRINGT UND VERSTECKT IN DEUTSCHLAND DER HASE DIE OSTEREIER

Am Morgen des Ostersonntags spielen sich in Deutschland seltsame Szenen ab: In Wohnungen, Häusern und Gärten laufen kleine Kinder aufgeregt umher, schieben Möbel zur Seite, heben Sofakissen an oder schauen hinter Bäumen und unter Büschen nach. Warum? An Ostern suchen die Menschen in den entlegensten Winkeln nach bunt gefärbten Ostereiern, die in der Nacht zuvor der „Osterhase" gebracht und versteckt hat. Doch wieso bringt ausgerechnet ein Hase zum christlichen Osterfest die Eier? „Das hat sich seit dem Mittelalter langsam entwickelt", erklärt die Biologin Beate Witzel von der Naturwissenschaftlichen Sammlung im Stadtmuseum Berlin. Damals galt der Gründonnerstag noch als Abschluss des laufenden Geschäftsjahres. Daher mussten die Bauern an diesem Tag den Grundbesitzern die Pachtzinsen zahlen – was sie meist mit Lebensmitteln taten. Da sich bei den Bauern wegen der vorangegangenen Fastenzeit besonders viele Eier angesammelt hatten, kochten sie diese und bezahlten damit ihre Zinsen. Mit den Eiern übergaben die Bauern ihren Herren oft auch zahlreiche tote Hasen, die sie auf ihren Feldern geschossen hatten.

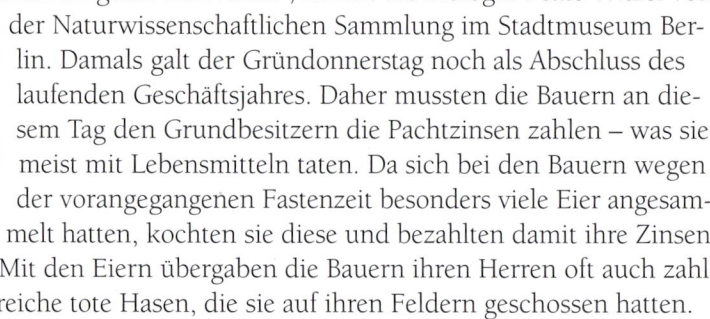

„So ergab sich die Kombination ‚Eier und Hasen', die sich in den Köpfen der Menschen über die Jahre hinweg verfestigte", erläutert Witzel. Im 17. Jahrhundert begannen die Erwachsenen dann, den Kindern zu erzählen, dass die Eier vom Osterhasen kommen. Allerdings war das flinke Tier lange Zeit nicht der alleinige angebliche Eierbringer. Füchse, Störche und Kraniche machten ihm noch lange Zeit als Eierlieferanten Konkurrenz, erzählt die Biologin. Doch damit war nach dem Zweiten Weltkrieg endgültig Schluss. Denn die Schokoladenhersteller entdeckten das Tier mit den Kulleraugen für sich, produzierten zur Osterzeit nur Schokohasen – und sorgten so dafür, dass bis heute eben der Hase die Eier bringt.

AUS DEM Matthäus-Evangelium
28:6 Er ist nicht hier; denn er ist auferstanden, wie er gesagt hat. Kommt her und seht euch die Stelle an, wo er lag.

- Wie feiern Sie zu Hause Ostern?
- Beschreiben Sie die theologische Bedeutung des Osterfestes. Recherchieren Sie in Lexika und im Internet.
- Erstellen Sie Kurzreferate zu: Osterhase, Osterei, Osterlamm.
- Deuten Sie das Bild von Franz Friedrich.

Das Kirchenjahr kompakt

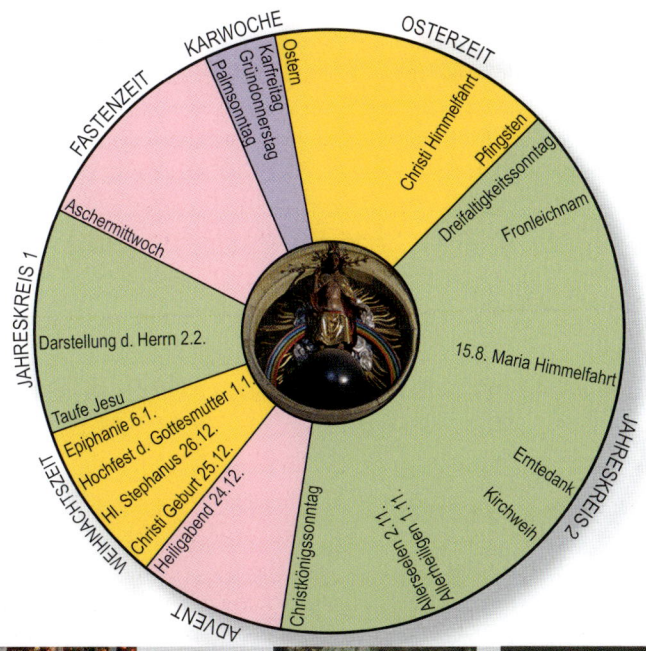

Welches kirchliche Fest versteckt sich hinter diesem Bilderrätsel?

  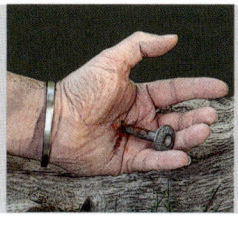  

Mich deucht, das Größte bei einem Fest ist, wenn man sich's wohl schmecken lässt.

Johann Wolfgang von Goethe, Dichter

Arbeit und Feier vollenden einander.

Ludwig Strauss, Schriftsteller und Literaturwissenschaftler

Ein Haus ohne Geselligkeit ist wie eine Blume ohne Duft.

Sigismund von Radecki, Schriftsteller

Für mich sind Geburtstage und Weihnachten keine magischen Daten. Ich feiere immer dann, wenn ich Lust dazu habe.

Nicolas Hayek jun., Schweizer Topmanager

Feiertage = Atempausen der Seele.

Walter Nenzel, Schriftsteller

- Zeichnen Sie eigene Bilder oder Symbole für kirchliche Feste.
- Gestalten Sie Bilderrätsel zu kirchlichen Festen.
- Ordnen Sie den Bildern kirchliche Feste zu.
- Diskutieren Sie die Zitate.

TIPP
Wer einen echten Schoko-Bischof-Nikolaus will, erkundigt sich unter:
www.bischof-nikolaus.net

Feste feiern

Jüdische Feste

Marc Chagall, Laubhüttenfest, 1916

Sieben große Feste erinnern die Juden an Ereignisse, die im Alten Testament niedergeschrieben sind.

ROSCH HA SCHANA
Das Jahr beginnt mit dem Neujahrsfest „Rosch ha Schana", d. h. „Haupt des Jahres". Neujahr wird im Herbst gefeiert, denn für die Menschen früher endete das Jahr mit der Ernte.

JOM KIPPUR
Wenige Tage nach Neujahr feiern die Juden das Versöhnungsfest „Jom Kippur". Viele beten den ganzen Tag und essen nichts. – An Neujahr und am Versöhnungsfest denken die Gläubigen darüber nach, was sie falsch gemacht haben und wie sie ihr Leben ändern können.

DAS SUKKOT-FEST
Gleich nach dem Neujahrsfest wird neun Tage lang Sukkot gefeiert, das „Laubhüttenfest". Es erinnert daran, dass die Israeliten nach der Befreiung aus Ägypten mit Mose vierzig Jahre durch die Wüste zogen. Deshalb verbringen während dieser Woche die Familien eine gewisse Zeit in Laubhütten im Garten oder auf dem Balkon. Man dankt Gott für die Ernte des Jahres.

DAS PURIM-FEST
Wenn bei uns Fastnacht gefeiert wird, feiert man im Judentum das Purim-Fest, bei dem man sich verkleiden darf. Es erinnert an die Geschichte von einer Rettung der Juden in Persien.

DAS PESSACH-FEST
Eines der wichtigsten Feste im Judentum ist das Pessach-Fest. Es wird in der Zeit um Ostern gefeiert. Das Fest erinnert daran, dass Gott die Israeliten aus der Sklaverei in Ägypten befreit hat. Am Abend vor Pessach wird der Seder-Abend gefeiert. „Seder" heißt „Ordnung". Dieser Abend heißt so, weil er immer nach der gleichen Ordnung abläuft. Das jüngste Kind darf fragen, was an diesem Abend so besonders ist. Dann erzählt man sich die Geschichte von der Rettung der Israeliten. Während des Festes werden keine Speisen gegessen, die mit Sauerteig gemacht wurden. Das ungesäuerte Brot heißt Mazzen.

DAS SCHAWUOT-FEST
50 Tage nach Pessach wird das Fest Schawuot gefeiert. Juden denken daran, dass Mose für sein Volk die Zehn Gebote erhalten hat. Weil schon die ersten Früchte geerntet werden, ist das Fest auch ein Erntedankfest.

DAS CHANUKKA-FEST
Zeichen für das Chanukka-Fest im Winter ist der neunarmige Leuchter. Acht Tage lang wird jeden Tag ein Licht mehr angezündet. Diese erinnern an die Bedrohung des Tempels und das Öl, welches nicht ausging, weil Gott sein Volk beschützt.

- Wählen Sie ein Fest aus. Erstellen Sie in Kleingruppen eine Kurzpräsentation.
- Stellen Sie Elemente zusammen, die für das Gelingen eines Festes wichtig sind.

TIPP
Laden Sie Vertreter der jüdischen Gemeinde ein, die die jüdische Festkultur vorstellen.

Islamische Feste

OPFERFEST

Das Opferfest, das zur Zeit der Pilgerfahrt nach Mekka gefeiert wird, erinnert an die Bereitschaft Abrahams, einen seiner Söhne zu opfern. Am ersten Tag des Opferfestes versammeln sich die Gläubigen in den Moscheen zum Festgebet. Die Abschiedspredigt Muhammads, die dieser während seiner letzten Wallfahrt hielt, wird feierlich verlesen.

Dem folgt die rituelle Schlachtung (Schächten) der Opfertiere, die mit dem Kopf in Richtung Mekka gelegt und nach festgelegten Regeln vom ältesten männlichen Familienmitglied geschlachtet werden.

In Mekka ist die Individualschlachtung verboten und wird entsprechend von den großen Schlachthöfen übernommen, die das Fleisch an die Pilger verteilen. Zugleich wird ein Teil des Fleisches an bedürftige Muslime in anderen Ländern geliefert.

FEST AM ENDE DES RAMADAN

Der Fastenmonat Ramadan endet mit dem dreitägigen Fest des Fastenbrechens (Id al-Fitr). Hierzu gehört nicht nur das Fest selbst, sondern auch eine spezielle Abgabe an Arme, die Zakat-ul-fitr, die noch vor dem Fest gegeben werden sollte. Nach Informationen des Zentralrats der Muslime in Deutschland wurde die Höhe dieser Abgabe in den meisten deutschen Moscheen im Jahr 2006 auf fünf Euro festgelegt.

Der Islam ist in zwei große Richtungen geteilt: Sunniten und Schiiten. Die islamischen Hauptfeste werden von beiden gefeiert. Bei den Schiiten gibt es weitere Gedenkfeiern, z. B. an den Todes- bzw. Geburtstagen ihrer Imame und Märtyrer.

Die islamische Jahreszählung beginnt mit der „Auswanderung" des Propheten Muhammad von Mekka nach Medina im Jahre 622. Der Kalender folgt dem Mondjahr mit 12 Monaten zu jeweils 29 oder 30 Tagen. Da das Mondjahr um 11 Tage kürzer ist als das Sonnenjahr, verschiebt sich der muslimische gegenüber dem gregorianischen Kalender jedes Jahr um 11 Tage.

Die kalligrafischen Zeichen bedeuten Allah. Im Islam darf Gott nicht bildlich dargestellt werden.

Islamische Feste	Beispieljahr 2008
10. Januar	al-Hidschra Arabisches Neujahr 1429
19. Januar	Tassua und Aschura Gedenktage an das Martyrium des Propheten-Enkels Hussein
20. März	Mawlid an-Nabi Geburtstag Muhammads
21. März	Nouruz Persisches Neujahr
30. Juli	Laylat al-Isra Himmelsreise Muhammads
2. September – 1. Oktober	Ramadan Fastenmonat
27. September	Laylat al-Qadr Nacht der Bestimmung
2. Oktober	Id al-Fitr Fastenende-Fest
9. Dezember	Id a-Adha Opferfest

- Setzen Sie sich mit muslimischen Mitschülern zusammen und tauschen Sie sich über die religiösen Feste der Religionen aus.
- Diskutieren Sie, wie wichtig Ihnen die religiösen Feste sind.

TIPP
Feiern Sie mit Muslimen ein gemeinsames Fest.

Orientierungswissen 2: **Feste feiern**

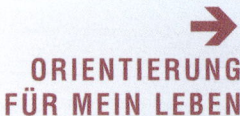

ORIENTIERUNG FÜR MEIN LEBEN

Menschen feiern gerne Feste. Sie feiern die Rituale des Lebens: Geburt, Erwachsenwerden, Heirat, sogar den Tod. Immer feiert man bei einem Fest die Gemeinschaft miteinander und die Freude daran, etwas gemeinsam erleben zu dürfen. Ohne Feste wäre das Leben ärmer. Andererseits würden Feste ohne einen danach einkehrenden Alltag ihre Bedeutung verlieren. Feste unterbrechen den Alltag und geben ihm eine neue Bedeutung. Fest und Alltag gehören so gesehen immer zusammen. Sie bilden einen Rhythmus des Lebens.

ORIENTIERUNG FÜR MEIN HANDELN

Wenn Menschen Feste feiern, dann brauchen sie auch eine „Kultur des Festes". Es ist eine Lebenskunst, Feste bewusst vorzubereiten, zu gestalten und zu feiern. Diese Lebenskunst droht in unserer schnelllebigen Zeit abhandenzukommen. Immer wieder ist es daher hilfreich, sich für die Vorbereitung und Gestaltung von Festen bewusst Zeit zu nehmen, das Fest als Gemeinschaftserlebnis zu gestalten und es durch besondere Momente vom Alltag abzuheben.

ORIENTIERUNG FÜR MEINEN GLAUBEN

Feste gibt es in allen Religionen. Sie bilden markante Punkte im Jahreslauf, an denen sich die Menschen ihrer Rückbindung an Gott bewusst werden und ihren Alltag unterbrechen, um Gott Raum zu geben. In unserer multireligiös geprägten Gesellschaft haben wir die Möglichkeit, die Feste der eigenen Religion zu feiern, aber auch die Feste anderer Religionen wahrzunehmen und nach ihrem tieferen Gehalt zu fragen.

TINA UND PAUL

PAUL: Ich könnte nie Pfarrer werden, in so einem Kirchenberuf muss man ja ein Heiliger sein. Und alle in der Gemeinde schauen auf einen, dass man ja nichts Unrechtes tut.

TINA: Es gibt auch kirchliche Berufe, die etwas für dich wären, wo es nicht ganz so wichtig ist, wie man nach außen wirkt ...

PAUL: Grins nicht so, was meinst du?

TINA: Totengräber ... zum Beispiel ... Du trägst gerne Schwarz, mit der Schaufel kannst du auch gut umgehen, du bist viel an der frischen Luft ...

PAUL: Stimmt ... und die haben heute Minibagger. Jetzt mal im Ernst, könntest du dir vorstellen, in einem kirchlichen Beruf zu arbeiten?

TINA: Warum nicht, da arbeiten doch nicht nur Heilige ... Und soviel ich weiß, gehört die Kirche mit zu den größten Arbeitgebern in Deutschland, da ist garantiert auch ein Beruf dabei, der nicht als Berufskleidung einen Heiligenschein verlangt.

PAUL: Ich weiß nicht so recht ... Was da meine Kumpels denken würden, wenn ich sage, ich arbeite bei der Kirche?

TINA: Hast du eigentlich Angst davor, als guter Mensch zu gelten?

PAUL: Man kann ja auch in einem nichtkirchlichen Beruf ein guter Mensch sein. Oder?

> **Projektidee**
> Entwickeln Sie zum Thema der Einheit zuerst eine Projektidee entsprechend der technischen Möglichkeiten an Ihrer Schule. In einem zweiten Schritt soll in Zusammenarbeit mit den technischen Fächern etwas Konkretes entstehen. Zum Beispiel ein Biotop, eine Statue, eine Solaranlage, eine Wandzeitung, ein Aquarium, ein Wohlfühlraum ...

Christsein motiviert

Arbeitgeberin Kirche – eine Auswahl

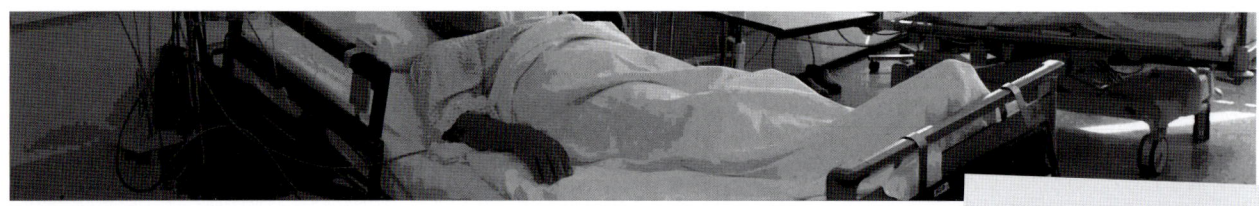

AUS DEM BUCH DER SPRICH-WÖRTER
22:29 Siehst du einen, der gewandt ist in seinem Beruf: Vor Königen wird er dienen.

KIRCHLICHE BERUFE
Papst
Bischof
Priester
Diakon
Pastoralreferent/Pastoralreferentin
Gemeindereferent/Gemeindereferentin
Religionslehrer/Religionslehrerin
Kirchenmusiker/Kirchenmusikerin
Pfarrsekretär/Pfarrsekretärin
Mesner/Mesnerin/Küster/Küsterin
Pfarrhausfrau

PÄDAGOGISCHE BERUFE
Sozialpädagoge/Sozialpädagogin
Sozialarbeiter/Sozialarbeiterin
Erzieher/Erzieherin
Heilpädagoge/Heilpädagogin
Logopäde/Logopädin

PFLEGEBERUFE
Krankenpflegehelfer/Krankenpflegehelferin
Gesundheits- und Kinderkrankenpfleger/in
Gesundheits- und Krankenpfleger/in
Heilerziehungspfleger/Heilerziehungspflegerin
Altenpfleger/Altenpflegerin
Familienpfleger/Familienpflegerin
Hebamme

SOZIALE DIENSTE AUF ZEIT
Freiwilliges Soziales Jahr
Freiwilliges Ökologisches Jahr
Zivildienst
Freiwillige Auslandsdienste
Entwicklungsdienst
Missionar/Missionarin auf Zeit

Warum ich mich für eine Ausbildung zur Krankenschwester entschieden habe

Ich habe mich für den Beruf der Gesundheits- und Krankenpflegerin entschieden, weil ich mit Menschen arbeiten und ihnen helfen will und weil ich mich für Medizin interessiere. Ich kann auch meine Lebenserfahrung in meine Arbeit gut einbringen und dabei selbst viel für mich lernen. Das heißt für mich auch, nie stehenzubleiben. Das einmal Gelernte kann ich tagtäglich erweitern, es wird nicht langweilig. Ich sehe sehr schnell die Fortschritte, die die Patienten machen. Es geht jeden Tag einen Schritt nach vorne, und ich weiß, das sind die Ergebnisse meiner Arbeit. Ich habe viel Freude an der Dynamik in meinem Beruf und daran, Menschen beim Gesundwerden zu begleiten.

Interview mit Marion W.

- Überlegen Sie, welcher kirchliche Beruf für Sie infrage kommt.
- Recherchieren Sie im Internet, welche Schulen für einen kirchlichen Beruf für Sie infrage kommen.
- Informieren Sie sich unter: www.caritas.de.
- Diskutieren Sie die Aussage aus dem Buch der Sprichwörter.

TIPP:
Laden Sie Caritas-MitarbeiterInnen ein.

Ich bin berufen,
etwas zu tun oder zu sein,
wofür kein anderer berufen ist.
Ich habe einen Platz in Gottes Plan,
auf Gottes Erde,
den kein anderer hat.
Ob ich reich bin oder arm,
verachtet oder geehrt bei den Menschen,
Gott kennt mich,
und er ruft mich mit meinem Namen.

John Henry Newman

Christsein motiviert

Beruf – Berufung

▶ **Grundgesetz, Artikel 12**
(1) Alle Deutschen haben das Recht, Beruf, Arbeitsplatz und Ausbildungsstätte frei zu wählen.
(2) Niemand darf zu einer bestimmten Arbeit gezwungen werden, außer im Rahmen einer herkömmlichen allgemeinen, für alle gleichen öffentlichen Dienstleistungspflicht.
(3) Zwangsarbeit ist nur bei einer gerichtlich angeordneten Freiheitsentziehung zulässig.

Immer nur die Arbeit im Kopf – Sie sollten mal abschalten!

Wo die Bedürfnisse der Welt mit deinen Talenten zusammentreffen – dort liegt deine Berufung!

Aristoteles

Wenn Sie dazu berufen sind, Straßen zu kehren, dann kehren Sie sie, wie Michelangelo Bilder malte oder Beethoven Musik komponierte oder Shakespeare dichtete. Kehre die Straße so gut, dass alle im Himmel und auf Erden sagen: „Hier lebte ein großartiger Straßenkehrer, der seinen Job gut gemacht hat!"

Martin Luther King

Durch Arbeit muss sich der Mensch sein tägliches Brot besorgen, und nur so kann er beständig zum Fortschritt von Wissenschaft und Technik sowie zur kulturellen und moralischen Hebung der Gesellschaft beitragen, in Lebensgemeinschaft mit seinen Brüdern und Schwestern. Hier geht es um jede Arbeit, die der Mensch verrichtet, unabhängig von ihrer Art und den Umständen; gemeint ist jedes menschliche Tun, das man unter der reichen Vielfalt der Tätigkeiten, deren der Mensch fähig ist und zu denen ihn seine Natur, sein Menschsein, disponiert, als Arbeit anerkennen kann und muss.

Nach Gottes Bild und Gleichnis inmitten des sichtbaren Universums geschaffen und dorthin gestellt, damit er die Erde sich untertan mache, ist der Mensch daher seit dem Anfang zur Arbeit berufen. Die Arbeit ist eines der Kennzeichen, die den Menschen von den anderen Geschöpfen unterscheiden, deren mit der Erhaltung des Lebens verbundene Tätigkeit man nicht als Arbeit bezeichnen kann; nur der Mensch ist zur Arbeit befähigt, nur er verrichtet sie, wobei er gleichzeitig seine irdische Existenz mit ihr ausfüllt. Die Arbeit trägt somit ein besonderes Merkmal des Menschen und der Menschheit, das Merkmal der Person, die in einer Gemeinschaft von Personen wirkt; dieses Merkmal bestimmt ihre innere Qualität und macht in gewisser Hinsicht ihr Wesen aus.

Enzyklika Laborem exercens, 1981

Jeder braucht einen Beruf.
Urlaub!
Kein Beruf – kein Geld.
Beruf ist lästig.
Mein Traumberuf ist Koch.
Berufung ist besser als Beruf.
Ohne Beruf geht nichts.
Beruf bedeutet zu arbeiten.
Arbeitslos? Oder nur erwerbslos?
Ohne Berufe keine Wirtschaft.
Wenn man will, bekommt man einen Beruf.

Brainstorming 2BFE2

■ Diskutieren Sie die Schüleraussagen.
■ Erklären Sie den Witz der Karikatur.
■ Wie wird „Arbeit" in der Enzyklika definiert?
■ Beschreiben Sie den Unterschied zwischen Beruf und Berufung.

Christsein motiviert   **39**

Glaube und Business

AUS DEM BRIEF AN DIE KOLOSSER
3:23 Tut eure Arbeit gern, als wäre sie für den Herrn und nicht für Menschen.

AUS DEM BUCH KOHELET
8:15 Da pries ich die Freude; denn es gibt für den Menschen kein Glück unter der Sonne, es sei denn, er isst und trinkt und freut sich. Das soll ihn begleiten bei seiner Arbeit während der Lebenstage, die Gott ihm unter der Sonne geschenkt hat.

UNTERNEHMER CLAUS HIPP: ERFOLG NICHT NUR EINE FRAGE DES KONTOSTANDS

Allmorgendlich in aller Herrgottsfrühe, kurz nach sechs Uhr, tuckert ein angejahrter Mercedes-Diesel der E-Klasse bergauf zu der kleinen Wallfahrtskapelle Herrenrast nahe dem bayrischen Flecken Ilmmünster. Ein älterer Herr steigt aus und schließt die wuchtige Tür zum Gotteshaus auf. Gemächlich schreitet der Frühaufsteher zum Altar, kniet in der ersten Bank nieder, verharrt einige Minuten – und verlässt das Kirchlein wieder so still, wie er es betreten hat. Der Mesner von Herrenrast versieht den Kirchendienst ehrenamtlich. Hauptberuflich missioniert der 67-jährige bekennende Katholik Claus Hipp seit beinahe fünf Jahrzehnten für sein ganz persönliches Glaubensbekenntnis: Leben im Einklang mit der Natur.

Bibel und Business sind für Claus Hipp kein Widerspruch: „Unternehmen kann man auch nach den Zehn Geboten leiten", ist der Babynahrungsproduzent und bekennende katholische Christ überzeugt. Der Glaube sei eine Richtschnur für alle Entscheidungen, sagt Hipp in einem Interview mit dem Nachrichtenmagazin *idea Spektrum*.
Beten helfe, „den richtigen Weg zu finden" und auch in schwierigen Situationen die Hoffnung zu behalten, „dass es gut ausgeht". Der Nichtgläubige habe diese Möglichkeit nicht.
Für Hipp passen Arbeitgeber und Arbeitnehmer besser zusammen, wenn man gemeinsam beten könne.
Er selbst bete für alle – Kunden, Mitarbeiter und Lieferanten. Denn nur gemeinsam könne man erfolgreich sein. Erfolg sei für ihn dabei „nicht nur eine Frage des Kontostandes, sondern dass Kinder gesund aufwachsen, Bauern einen sicheren Abnehmer haben und der Handel ein gutes Produkt im Regal". Aber auch Schiffbruch-Erleiden gehöre zum Unternehmer-Sein: „Kaufmannsgut ist Ebbe und Flut", zitiert Hipp ein Sprichwort. Mal gehe es rauf, mal gehe es runter, ergänzt der Unternehmer im Interview.

So wirbt der Unternehmer Claus Hipp für seine Bio-Babynahrung.

- Erklären Sie, warum es wichtig ist, dass Unternehmer nach christlichen Grundsätzen handeln.
- Welche Kraft spricht Claus Hipp dem Gebet zu?

Helfen

Warum ich mich für eine Ausbildung zur Dorfhelferin entschieden habe

Ich habe mich zu der Ausbildung als Dorfhelferin entschieden, weil das ein sehr abwechslungsreicher Beruf ist. Ganz wichtig ist für mich, dass ich sehr selbstständig arbeiten kann. In der Familie habe ich die Verantwortung für meine Arbeit und habe gleichzeitig meine Einsatzstelle im Hintergrund, die mich an die Familien vermittelt und mich in schwierigen Situationen unterstützt. Mein Arbeitsplatz wechselt von Einsatz zu Einsatz. Wenn in einer Familie die Mutter oder der Vater ausfällt, übernehme ich ihre Aufgaben. Meine Arbeit wird benötigt, wenn ein Elternteil krank ist, eine Kur macht, oder in Überlastungssituationen, die die Familien nicht mehr alleine bewältigen können. Im Mittelpunkt meiner Tätigkeit als Dorfhelferin steht die Versorgung der Kinder und des Haushalts. Daneben übernehme ich auch Arbeiten im landwirtschaftlichen Betrieb oder im Garten. Mir schnell den Überblick über einen Haushalt zu verschaffen, ist eine Herausforderung für mich, der ich mich immer wieder gerne stelle. Für die Familien bin ich oft der „rettende Engel", der in der Notsituation sofort sieht, was zu tun ist.
Eine neue Familie ist jedes Mal eine neue Herausforderung; denn immer wieder steht die Frage im Raum, wie die Zusammenarbeit klappen wird. Hierbei erlebe ich es als sehr wichtig, durch meine Einsatzleitung begleitet zu werden. Und wenn es dann gelingt, dass der Alltag in der Familie weitergehen kann, habe ich mein Ziel erreicht.

Interview mit Doris S.

AUS DEN PSALMEN
112:5 Wohl dem Mann/der Frau, der/die gütig und zum Helfen bereit ist.

VORAUSSETZUNGEN
Hauptschulabschluss oder eine gleichwertig anerkannte Schulbildung und eine abgeschlossene Berufsausbildung als Hauswirtschafter/in sowie der Besuch der Landwirtschaftsschule – Fachrichtung Hauswirtschaft – während eines Semesters (Baden-Württemberg, Niedersachsen) oder drei Semestern (Bayern); ein ärztliches Zeugnis über die gesundheitliche Eignung zur Ausübung des Berufs.

TÄTIGKEITSBEREICHE
Ihr Einsatz als Dorfhelfer/in wird durch Kirchengemeinden, über Dorfhelfer/innen-Stationen der Wohlfahrtsverbände, Sozialstationen, Einsatzstellen der Familienpflege, Landwirtschaftsverbände, Dorfhelfer/innenwerke oder kommunale Einrichtungen vermittelt. Als Dorfhelfer/in können Sie auch selbstständig tätig sein.

AUFGABEN
Als Dorfhelfer/in nehmen Sie hauswirtschaftliche, pflegerische, betreuende und pädagogische Aufgaben in Haushalten landwirtschaftlicher Betriebe wahr. Sie vertreten oder unterstützen die Mutter oder den Vater. Auch landwirtschaftliche Arbeiten gehören zu Ihrem Aufgabenbereich.

- Beschreiben Sie Notsituationen, in denen eine Dorfhelferin, ein Dorfhelfer als „rettender Engel" wirkt.
- Formulieren Sie Motive für soziale Berufe.
- Erinnern Sie sich an eine familiäre Situation, in der Sie Hilfe von außen brauchten.
- Was klagt die Karikatur an?

TIPP
Begleiten Sie eine Dorfhelferin.

Erziehen

AUS DEM ZWEITEN BRIEF AN TIMOTHEUS
3:16 Jede von Gott eingegebene Schrift ist auch nützlich zur Belehrung, zur Widerlegung, zur Besserung, zur Erziehung in der Gerechtigkeit.

AUS DEM BUCH DEUTERONOMIUM
11:2 Heute sollt ihr erkennen, dass der Herr euch erzogen hat. Denn nicht eure Kinder, die die Erziehung durch den Herrn, euren Gott, nicht kennengelernt und nicht miterlebt haben, sondern ihr selbst habt alle großen Taten, die der Herr getan hat, mit eigenen Augen gesehen.

- Nennen Sie Motive, diesen Beruf zu ergreifen.
- „Was Hänschen nicht lernt, lernt Hans nimmermehr": Diskutieren Sie im Kontext Erziehung dieses Sprichwort.
- Was wäre Ihnen bei der Erziehung eigener Kinder besonders wichtig?
- Erinnern Sie sich an besondere Situationen im Verlauf Ihrer eigenen Erziehung.

TIPP
Besuchen Sie einen Kindergarten.

Warum ich mich für eine Ausbildung zur Erzieherin entschieden habe

Ich wollte schon immer mit Kindern arbeiten. Das kommt auch daher, dass ich aus einer großen Familie komme und für meine kleineren Geschwister immer gerne die Verantwortung übernahm. In der zehnten Klasse habe ich dann ein Praktikum im Kindergarten gemacht und gemerkt, dass der Beruf der Erzieherin mein Weg ist. Die Ausbildung an der Fachschule war sehr anspruchsvoll und hat mir bewusst gemacht, dass ich als Erzieherin eine hohe Fachkompetenz und Flexibilität brauche, um in Kindertageseinrichtungen oder Einrichtungen der Jugendhilfe den Bildungs- und Erziehungsauftrag zu erfüllen, mit Eltern zusammenzuarbeiten und das Umfeld mitzusehen. Nach dem Berufspraktikum im Kindergarten habe ich eine Stelle in der Gruppenleitung eines Kinderheimes angenommen, weil ich auch mit älteren Kindern und Jugendlichen arbeiten wollte. Gerade hier kann ich eine besondere Beziehung zu den Kindern aufbauen und ihnen in einem verlässlichen Rahmen Geborgenheit und Lebensperspektiven vermitteln, damit sie ihren eigenen Weg finden können. Diese Arbeit erfüllt mich sehr. Insgesamt gefallen mir an diesem Beruf die Vielseitigkeit, der Gestaltungsfreiraum, die Arbeit im Team, die Möglichkeiten, die eigene Kreativität einzubringen, vor allem aber auch die persönliche Bereicherung in der Arbeit mit Kindern, die für mich ein Geben und Nehmen ist.

Interview mit Christiane S.

TÄTIGKEITSBEREICHE

Sie sind tätig in Kindertageseinrichtungen, Kinderheimen und Heimen der Jugendhilfe, Jugendwohnheimen, Internaten, Behinderten- und Rehabilitationseinrichtungen für Kinder und Jugendliche, Jugendbegegnungsstätten, sozialpädagogischen Einrichtungen in sozialen Brennpunkten sowie in der Jugendverbandsarbeit.

AUFGABEN

Sie gestalten selbstständig und zielorientiert Prozesse der Erziehung, Bildung und Betreuung von Kindern und Jugendlichen. Sie arbeiten im Gruppendienst sozialpädagogischer Einrichtungen und Dienste, in dem Teamarbeit ebenso wie Zusammenarbeit mit Eltern und Diensten im Umfeld der Einrichtung zu Ihren Aufgaben gehören. Auch an der konzeptionellen Weiterentwicklung der jeweiligen Einrichtung sind Sie beteiligt.

Dienen

▶ In der katholischen Kirche ist die Weihe mit ihren Stufen Diakonen-, Priester- und Bischofsweihe eines der sieben Sakramente. Der Begriff „Diakon" stammt vom griechischen Verb *diakonein* ab und bedeutet „dienen", „fürsorglich helfen". Während der ersten Jahrhunderte waren die Diakoninnen und Diakone unmittelbare Helfer des Bischofs und kümmerten sich vor allem um Aufgaben in der Glaubensvermittlung, u. a. Taufvorbereitung, und um Arme und Kranke.

Diakonweihe: Die Kandidaten legen sich auf den Boden, sie zeigen damit, dass sie Gott dienen wollen.

dienen ...
... Knecht
... Sklave
... Ich diene niemandem!
... Als Kind musste ich zur Begrüßung einen „Diener" (Verbeugung) machen.
... Ich will Chef sein!

Brainstorming 2BFE

DIAKON – VIELSEITIG IN GOTTESDIENST UND SOZIALWESEN

Der Diakon ist „Anwalt" für die Nöte der Menschen, trägt Sorge für Menschen in Problemsituationen und arbeitet mit den Einrichtungen der Caritas und des Sozialwesens zusammen.

Der Diakon übt Dienste in der Kirche und der Gesellschaft aus, die ihm der Bischof durch die Weihe überträgt. In Gemeinden oder in Sonderbereichen wirkt er bei der Messfeier mit, leitet Taufen, Trauungen, Begräbnisse, Wortgottesdienste, Segnungen, Prozessionen, Andachten und erteilt Religionsunterricht. Der Diakon führt Glaubensgespräche – besonders mit Menschen in geistlicher und materieller Not – und hält Ansprachen und Predigten bei allen Gottesdienstformen.

Der Diakon kann verheiratet sein und Familie haben. Der Diakonat kann als Hauptberuf oder in Verbindung mit einem Zivilberuf ausgeübt werden.

AUSBILDUNG

Für beide Formen des Diakonates ist eine theologische Ausbildung erforderlich. Die theologische Ausbildung kann an einer Universität oder Hochschule absolviert werden. Eine Alternative ist die berufsbegleitende „Theologie im Fernkurs". Praktika und die Ausbildung im Kreis anderer Diakone erfolgen durch das Bistum. Die Diakonenweihe wird durch den Bischof gespendet.

AUS DEM ERSTEN BRIEF AN TIMOTHEUS

3:8 Ebenso sollen die Diakone sein: achtbar, nicht doppelzüngig, nicht dem Wein ergeben und nicht gewinnsüchtig;
3:9 sie sollen mit reinem Gewissen am Geheimnis des Glaubens festhalten.
3:11 Ebenso sollen die Frauen ehrbar sein, nicht verleumderisch, sondern nüchtern und in allem zuverlässig.
3:12 Die Diakone sollen nur einmal verheiratet sein und ihren Kindern und ihrer Familie gut vorstehen.
3:13 Denn wer seinen Dienst gut versieht, erlangt einen hohen Rang und große Zuversicht im Glauben an Christus Jesus.

AUS DEM BRIEF AN DIE RÖMER

16:1 Ich empfehle euch unsere Schwester Phöbe, die Diakonin der Gemeinde von Kenchräa:
16:2 Nehmt sie im Namen des Herrn auf ... und steht ihr in jeder Sache bei, in der sie euch braucht; sie selbst hat vielen, auch mir, geholfen.

- Warum ist der Begriff „dienen" so negativ besetzt?
- Beschreiben Sie Situationen, in denen „dienen" notwendig ist.
- Welche Berufe „dienen"?

TIPP
Laden Sie einen Diakon in den Unterricht ein.

Christsein motiviert

Pfarrer – nachgefragt

Herr Pfarrer Knor, was ist Ihnen das Wichtigste an Ihrem Beruf?
Das Wichtigste ist für mich, dass ich in meinem Beruf Gestaltungsfreiheit habe, ich mache nicht jeden Tag dasselbe. Ich kann auf unterschiedlichste Art die Menschen, die ich von der Geburt bis zum Sterben begleite, dazu ermutigen, ein Leben mit Gott zu führen.

Beschreiben Sie die schönsten Seiten Ihres Berufes.
Da gibt es viele Punkte: Menschen in schwierigen Lebenssituationen zu helfen, wieder Zuversicht zu gewinnen. Die Gottesdienste mit individueller Atmosphäre, das Kommunikationsgeschehen, wenn es z. B. heißt: „Erhebet die Herzen" und die Gemeinde antwortet: „Wir haben sie beim Herrn", da entsteht ein dichtes Miteinander ... eine Gefühlsebene. Wichtig ist mir, dass das keine Show ist, sondern aus den Herzen kommt. Daher mag ich auch keine Standards, jeder Gottesdienst soll anders, kreativ sein.

Von den schönen zu den unangenehmen Seiten Ihres Berufes.
Verwaltungsaufgaben und Organisatorisches nehmen immer mehr zu, und das erzeugt Zeitdruck. Ich bin angetreten, Seelsorger zu sein, und leite jetzt mehr! Belastend ist auch die Erfahrung, dass die Menschen immer weniger Interesse an der Kirche und an ihrer Botschaft haben. Sie behaupten zwar, gute Christen zu sein, haben aber kein Interesse am Gottesdienst und an der Schrift. Auch der oberflächliche, folkloristische Umgang mit dem Glauben macht mir Sorgen. Bei einer Erstkommunion z. B. habe ich manchmal das Gefühl, den Kindern und den Eltern ist das, was an Geschenken und Essen danach kommt, wichtiger als die Glaubensdimension. Da komme ich mir dann vor wie ein Zeremonienmeister.

Wie sieht Ökumene in Ihrer Gemeinde aus?
Mit der evangelischen Gemeinde zusammen gestalten wir die Seniorenbetreuung, die Nachbarschaftshilfe und gemeinsame Gottesdienste, wir arbeiten auch in der Hospizgruppe und auf der Kindergartenebene zusammen, um nur einige Beispiele zu nennen. Mit der islamischen Gemeinde sind wir im Dialog, es finden regelmäßige Begegnungen statt, zurzeit läuft ein Projekt, in dem wir die Gemeinsamkeiten zwischen Christentum und Islam aufzeigen.

Beneiden Sie manchmal Ihre evangelischen Kollegen, weil die eine eigene Familie haben können?
Als junger Mensch war das schon ein Problem, da hat die familiäre Nähe gefehlt. Heute schätze ich die Freiheit, man muss bei Entscheidungen nicht immer Rücksprache halten. Jede Lebensform hat ihre Chancen, ob mit oder ohne Partner, man sollte sie nicht gegeneinander ausspielen. Schön wäre es, wenn man die Wahl hätte.

Wie sieht ein typischer Arbeitstag aus?
Den gibt es nicht. Es gibt zwar Abläufe, die sich wiederholen, wie Büroarbeit, Texte verfassen, Telefonate führen. Sonntags sind drei Gottesdienste in sechs Gemeinden zu organisieren. Dann müssen die unterschiedlichsten Gruppen: Lektoren, Kommunionhelfer, Kirchengemeinderat, aber auch die Krankenhausbesuche organisiert werden ... Dann sind da auch noch die Bauaufgaben: 32 Gebäude stehen in meiner Verantwortung – von der Garage bis hin zur Kirche. Es kommt da sehr viel zusammen. Letzte Woche war ich noch mit den Firmlingen wandern. Das war schön, mit denen ins Gespräch zu kommen.

Herr Pfarrer Knor, vielen Dank für das Interview. Was können Sie unseren Berufsschülern mit auf den Weg geben?
Wagt eure eigenen Gedanken, macht euch nicht abhängig von anderen. Gott hat mehr Möglichkeiten mit dir, als du selbst ahnst!

- Was macht den Beruf des Pfarrers interessant?
- Erklären Sie, was Pfarrer Knor meint, wenn er davon spricht, er fühle sich wie ein „Zeremonienmeister"?
- Recherchieren Sie, was in Sachen Ökumene in Ihrer Gemeinde geschieht.

TIPP
Interviewen Sie Pfarrer über ihre Arbeit.

Christsein motiviert

Betriebsseelsorge

„Das müssen Sie auch mal sehen." Der Betriebsseelsorger ging mit mir zur Männertoilette. Dort öffnete er eine Kabinentür, klappte den Toilettendeckel nach unten, stieg auf den geschlossenen Deckel. Er krempelte sich den rechten Ärmel hoch, öffnete den Deckel der Wandspülung, die am rechten Deckeneck montiert war, fischte im Spülwasser herum und zog dann zuerst eine, dann eine zweite Flasche Billigschnaps aus dem Wasserreservoir. „Manchmal sind im Wasserbehälter so viele Schnaps- oder Bierflaschen, dass kaum mehr Wasser für die Toilettenspülung vorhanden ist. So sind wir überhaupt erst auf das Versteck gekommen ... Am Band kommt es zum Teil zu Verletzungen, wenn Alkoholkranke unkonzentriert sind.
Oft sind wir Betriebsseelsorger die ersten Ansprechpartner für das Alkoholproblem. Der finanzielle Ausfall für so einen riesigen Konzern ist enorm."

„Sie haben aber sicher nicht nur Betriebsprobleme durch Alkoholiker, was gehört noch in Ihren Zuständigkeitsbereich?"

Der Betriebsseelsorger lachte: „Alles ... einfach alles! Gestern zum Beispiel kam ein junger Mann von der Motorenmontage zu mir ... Er war ein Häufchen Elend, seine Freundin hatte ihn verlassen, da war zuerst mal das Zuhören und Trösten angesagt. Zu Beginn der Woche hatten wir einen Streit in der Endmontage, da musste ich schlichten, ein junger Muslim und ein offensichtlich rechtsradikaler älterer Arbeiter waren aneinandergeraten. Aber immer öfter berate ich ältere Angestellte, weil sie Angst um ihren Arbeitsplatz haben. Sie befürchten, dass sie schon mit fünfzig zum alten Eisen gehören und auf dem Arbeitsmarkt draußen keine Chance mehr haben ... Und mit dem Mobbing, das nimmt auch ständig zu, vorhin war ich bei einer Sekretärin, die von Kolleginnen gemobbt wird. Wir haben nun ein Mediationsgespräch mit den Parteien vereinbart und hoffen, dass wir das Problem in den Griff bekommen ...
Wissen Sie, jeden Tag ist hier etwas anderes. Das macht die Arbeit interessant, aber man muss auch immer sehen, dass man Menschen vor sich hat. Es darf nicht zur Routine werden."

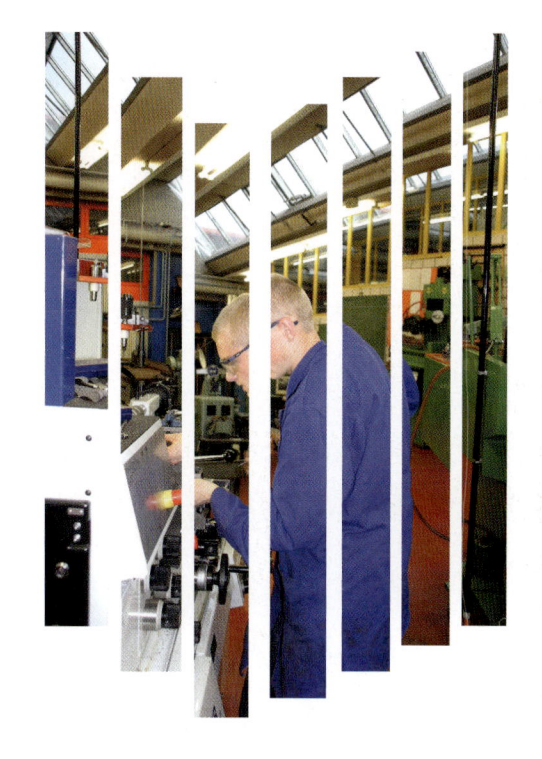

AUS DEM BUCH KOHELET
4:4 Denn ich beobachtete: Jede Arbeit und jedes erfolgreiche Tun bedeutet Konkurrenzkampf zwischen den Menschen. Auch das ist Windhauch und Luftgespinst.

■ Recherchieren Sie, was noch zum Tätigkeitsbereich eines Betriebsseelsorgers gehört. Präsentieren Sie die Ergebnisse in Form einer Wandzeitung.

TIPP
Lassen Sie sich von einem Betriebsseelsorger durch einen Betrieb führen. Bereiten Sie Fragen vor.

Bestatter

AUS DEM Markus-Evangelium
15:46 Josef kaufte ein Leinentuch, nahm Jesus vom Kreuz, wickelte ihn in das Tuch und legte ihn in ein Grab, das in einen Felsen gehauen war. Dann wälzte er einen Stein vor den Eingang des Grabes.
16:1 Als der Sabbat vorüber war, kauften Maria aus Magdala, Maria, die Mutter des Jakobus, und Salome wohlriechende Öle, um damit zum Grab zu gehen und Jesus zu salben.

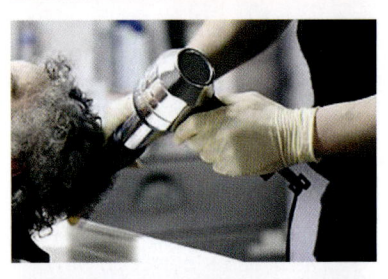

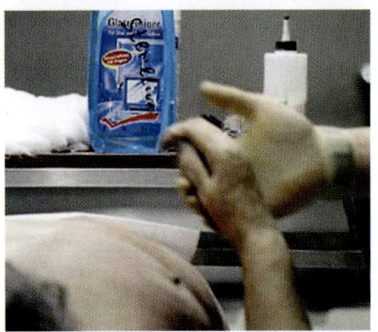

- Beschreiben Sie Kompetenzen, die ein Bestatter braucht.
- Recherchieren Sie die Lernfelder zur Ausbildung im Internet.

TIPP
Besuchen Sie einen Bestatter. Lassen Sie sich das Berufsbild veranschaulichen.

BESTATTER WERDEN – NICHTS EINFACHER ALS DAS?

Theoretisch genügt ein Gewerbeschein, um loslegen zu können. Quereinsteiger ohne vorherige Berufspraxis haben dennoch wenig Chancen. Sich schwarze Kleidung zu kaufen und ein Institut aufzumachen, reicht keineswegs aus, um den Aufgaben gerecht zu werden. Eine Tätigkeit nach DIN 77300 „Bestattungsdienstleistungen" verlangt nicht nur behutsamen Umgang mit Hinterbliebenen. Materialkunde zu Särgen und Urnen oder „Grabmachertechnik" beim Ausheben von Gräbern sind genauso gefragt wie Kenntnis der Rechts- und Hygienevorschriften, Umgang mit Behörden und Organisationstalent bei der Gestaltung von Totenfeiern.

LEHRBERUF SEIT OKTOBER 2003

Seit dem 1. Oktober 2003 gibt es den Lehrberuf der „Bestattungsfachkraft". Dass er vorher nicht existierte, lag daran, dass Angehörige bei einem Trauerfall nicht unbedingt mit Sechzehn- bis Achtzehnjährigen verhandeln wollen. Viele Bestatter stammen aus Familienbetrieben und wachsen in den Beruf hinein. Große Institute rekrutieren talentierte Mitarbeiter mit unterschiedlichster Vorerfahrung und bilden sie berufsbegleitend weiter.

AUF DEM LEHRFRIEDHOF

Der einzige europäische „Lehrfriedhof" befindet sich in Münnerstadt in Unterfranken. Dort ist auch das Ausbildungszentrum des „Bundesverbands Deutscher Bestatter" angesiedelt, das die Fortbildungen der Branche organisiert. Wer sechs Module absolviert und die Prüfung besteht, kann sich „geprüfter Bestatter/geprüfte Bestatterin" nennen. Seit 1999 ist ein weiterer Karrieresprung zum „Funeral Master" möglich. Die Stufe entspricht der Meisterebene im Handwerk. Voraussetzung sind Fortbildung und Prüfung in Betriebswirtschaft, Trauerpsychologie und „Thanatopraxie", der ästhetischen und hygienischen, offenen Aufbahrung von Toten.

Caritas – immer eine gute Adresse

ERZIEHUNGS- UND FAMILIENBERATUNG DER CARITAS

Es gibt Lebenssituationen, die unglücklich und ratlos machen. Mit manchen Problemen kommt man allein nicht weiter. Familienmitglieder und Freunde sind dann oft nicht die richtigen Gesprächspartner.

Caritas ist für Sie da, wenn
- Sie sich sorgen, weil Ihr Kind immer mehr Schwierigkeiten in der Schule hat, seine Leistungen schlechter werden und Sie die Probleme zu Hause mit ihm nicht mehr in den Griff bekommen.
- Sie sich fragen, ob Ihr Kind sich altersgemäß entwickelt und Sie in der Erziehung das Richtige machen.
- Ihr Kind über Kopfschmerzen und/oder Bauchschmerzen oder andere Beschwerden klagt, die der Arzt nicht klären kann.
- Ihr Kind sein Essverhalten verändert hat und Sie glauben, dass dieses Verhalten der Gesundheit Ihres Kindes schadet.
- Ihr Kind wieder einnässt oder sich sonst wie auffällig verhält.
- Ihr Kind zunehmend aggressiver wird.
- Ihr Kind sich in letzter Zeit immer mehr zurückzieht.
- Sie nicht mehr wissen, wie es in der Partnerschaft und mit den Kindern weitergehen soll.
- der Streit in der Partnerschaft oder Familie in letzter Zeit in Gewalttätigkeit oder tagelangem Schweigen endet.
- Sie immer häufiger daran denken, sich zu trennen oder scheiden zu lassen.
- Sie die Fragen des Sorgerechts und des Umgangsrechts nach der Trennung klären möchten.
- Sie Ängste haben, die Sie früher nicht hatten, und Sie sich nicht erklären können, woher sie kommen.
- Sie sich zunehmend einsam und traurig fühlen und keine Freude mehr am Leben finden.
- Sie mit Ihrem Partner Probleme haben und glauben, es hängt damit zusammen, dass er aus einer anderen Kultur kommt.
- Sie Probleme mit dem Leben in mehreren Kulturen haben.

Die Caritas berät alle, unabhängig von Konfession und Weltanschauung. Die Caritas ist an die Schweigepflicht und den Datenschutz gebunden.

AUS DEM BRIEF AN DIE EPHESER
4:29 Über eure Lippen komme … nur ein gutes Wort, das den, der es braucht, stärkt, und dem, der es hört, Nutzen bringt.
4:32 Seid gütig zueinander, seid barmherzig.

- Schildern Sie Beispiele, in denen Familien die Hilfe der Caritas in Anspruch nehmen sollten.
- Informieren Sie sich über die Tätigkeitsbereiche der Caritas.

Religion unterrichten – was glaubst du?

Um guten Unterricht erteilen zu können, brauchen Religionslehrerinnen und Religionslehrer ein fundiertes theologisches Wissen und die Fähigkeit, selbstständig theologisch zu denken (Studium: Katholische Religion), Kenntnisse der Lebenswelt der Schülerinnen und Schüler und Offenheit für ihre Fragen und Erfahrungen. Voraussetzung für den Beruf ist deshalb das Interesse an religiösen und theologischen Fragen, die Freude an der Arbeit mit Kindern und Jugendlichen und die Bereitschaft zur Weiterbildung.

Lehrerstimmen:
- Das ist ein Fach wie jedes andere auch.
- Da muss man sich ganz anders auf die Schüler einlassen als zum Beispiel im Matheunterricht.
- Die Schülerinnen und Schüler erwarten von mir, dass ich auch Seelsorger bin.
- Dass ich Wissen vermitteln muss, das ist klar, ich muss aber zusätzlich noch moralisches Vorbild sein ... Das ist manchmal nicht ganz einfach.
- Ich kann da nicht immer alles an mich ranlassen, ich bin doch kein ausgebildeter Psychologe.
- Ich komme mir vor wie eine Eier legende Wollmilchsau: Ich muss fachlich kompetent sein, sollte jeden Sonntag in der Kirche stehen, perfekt pädagogisch ausgebildet sein, immer gut aufgelegt und freundlich, psychologisch gebildet, moralisch integer, väterlich und mütterlich, andererseits sollte ich auch der gute Kumpel und die akzeptierte Autoritätsperson sein.
- Religionslehrer halten den Himmel offen.

Schülerstimmen:
- Die Reli-Lehrer sind meist locker drauf.
- So ein Laberfach ist einfach zu unterrichten.
- Die machen eigentlich am meisten, die bringen Scheren mit, da macht man Rollenspiele, da diskutiert man, man arbeitet mit Bildern. oft recht interessant.
- Man kann zu denen auch mit Problemen kommen.
- Religion kann man doch nicht unterrichten, entweder glaubt man an Gott oder nicht.
- Als ich die Ausbildung hinschmeißen wollte, habe ich mit meinem Reli-Lehrer geredet, meine Eltern haben nur getobt.
- Die Muslime wissen mehr über ihren Glauben als wir Christen, deshalb sollte der Reli-Unterricht uns zeigen, wie unser Glaube ist.

- ■ Erklären Sie, warum ReligionslehrerInnen ein fundiertes theologisches Wissen und Kenntnisse der Lebenswelt der Schülerinnen und Schüler brauchen.
- ■ Beschreiben Sie den Tätigkeitsbereich eines Religionslehrers, einer Religionslehrerin an berufsbildenden Schulen. Interviewen Sie dazu Religionslehrer.
- ■ Diskutieren Sie die Lehrer- und Schülerstimmen.

Orientierungswissen 3: Christsein motiviert

Das Christentum ist keine „Vertröstungsreligion". Es sieht das Leben nicht als „Jammertal", das man möglichst schnell verlassen sollte, sondern die Welt gehört zum Be-Reich Gottes. In diesem Bereich Gottes gilt es, die christliche Botschaft lebendig werden zu lassen durch das Handeln der Christen. Dies ist eine motivierende Aufgabe, die mein privates, berufliches und gesellschaftliches Engagement prägen kann.

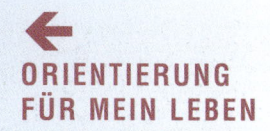

← **ORIENTIERUNG FÜR MEIN LEBEN**

Berufliche Entscheidungen werden in der Regel aus kühlen Erwägungen getroffen. Der Wunsch danach, möglichst viel Geld zu verdienen, eine angesehene Position zu erwerben oder eine Familie ernähren zu können, steht dabei oft im Vordergrund. Auch in der beruflichen Entscheidung können aber christliche Motive eine Rolle spielen. Viele Menschen handeln in ihrem Beruf aus christlicher Motivation heraus. Das gilt für Unternehmer ebenso wie für Arbeiter. Viele Menschen ergreifen sogar einen kirchlichen oder christlich motivierten Beruf, indem sie in den pastoralen Dienst gehen, Gesundheits- und Krankenpfleger/in werden oder Erzieher/in in einer christlichen Einrichtung. Immer geht es darum, dass die christliche Botschaft das Leben durchdringt – Gottesdienst findet nicht nur im Kirchenraum statt, sondern auch täglich am Arbeitsplatz.

← **ORIENTIERUNG FÜR MEIN HANDELN**

Christsein motiviert: Diese Erfahrung machen viele Menschen, die sich auf den christlichen Glauben einlassen und damit die Botschaft Jesu vom Reich Gottes mitten in unserer Welt ernst nehmen. Menschen können sich durch ihr Handeln den Himmel nicht „verdienen". Die christliche Botschaft ist aber eine, die zum Handeln motiviert, die das eigene christliche Handeln als eine Antwort versteht auf das Handeln Gottes an uns. Weil Gott uns entgegenkommt, deshalb gehen auch Christinnen und Christen auf andere Menschen zu und versuchen an ihrem Platz, diese Welt etwas „göttlicher" werden zu lassen.

← **ORIENTIERUNG FÜR MEINEN GLAUBEN**

Berührt werden: Sakramente

TINA UND PAUL

TINA: ... Dann habe ich ihm gesagt, er soll mich nie wieder anfassen.

PAUL: Jetzt übertreib mal nicht, der hat dich ja kaum berührt, nur den Arm um die Schulter gelegt.

TINA: Und dann immer tiefer ...

PAUL: Na und ... Er hat es halt versucht ... Und es hat doch nicht wehgetan ...

TINA: Ich entscheide immer noch selbst, von wem ich mich berühren lasse! Das geht ja nicht nur von einem aus ... das muss ja von beiden ausgehen. Was würdest du sagen, wenn eine daherkommt und dich einfach begrapscht?

PAUL: So habe ich das noch gar nie gesehen ... Stimmt, zum Berühren gehören schon zwei.

TINA: Und wenn beide damit einverstanden sind, dann gibt das einem ja auch etwas ... irgendetwas, ich kann es schlecht ausdrücken.

PAUL: Wenn beide Berührung wollen, dann macht es auf jeden Fall Spaß.

TINA: Nicht nur Spaß, auch glücklich und stark.

Projektidee
Erstellen Sie begleitend zur Unterrichtseinheit im Klassenzimmer eine Fotowand: „Heiliges und was mir heilig ist".

Berührungen

Der Bischof hat mir die Hand auf den Kopf gelegt.

Das war so schön, als ich dich zum ersten Mal in meinen Händen halten konnte.

AUS DEM HOHELIED
8:1 Ach, wärst du doch mein Bruder, genährt an der Brust meiner Mutter. Träfe ich dich dann draußen, ich würde dich küssen; niemand dürfte mich deshalb verachten.

Es war nur ein leichtes Berühren, trotzdem hat es mich elektrisiert. Ich bekam eine Gänsehaut.

FASS MICH NICHT NOCH EINMAL SO AN!

It was one of those nights
When you turned out the lights
And everything comes into view
She was taking her time
I was losing my mind
There was nothing
That she wouldn't do
It wasn't the first
It wasn't the last
She knew we was making love
I was so satisfied
Deep down inside
Like a hand in a velvet glove

Chorus:
Seems like a touch, a touch too much
Seems like a touch, a touch too much
Too much for my body, too much for my brain
This kind of woman's gonna drive me insane
She's got a touch, a touch too much

ACDC

Tausend Mal berührt,
tausend Mal ist nix passiert.
Tausend und eine Nacht,
und es hat „Zoom" gemacht.

Klaus Lage

- Beschreiben Sie, wo tagtäglich Berührungen stattfinden.
- Unterscheiden Sie angenehme und unangenehme Berührungen.
- Erzählen Sie: „Das hat mich besonders berührt."

Berührt werden: Sakramente **51**

Sakramente berühren

Der Begriff *Sakrament* stammt vom lateinischen *sacramentum* und bedeutet „religiöses Geheimnis, Weihe, Verpflichtung"; das Adjektiv *sacer* bedeutet „heilig, unverletzlich". Für Christen ist das Sakrament ein sichtbares Zeichen, das zeigt, dass Gott uns nahe ist und uns durch das Leben begleitet. Es bewirkt in den Menschen etwas Heiliges, Heilendes und Wohltuendes.

Die Sakramente gehen auf Jesus Christus zurück, da sie von ihm eingesetzt wurden oder seiner Absicht und seinem Handeln entsprechen. Sie werden meist von geweihten Priestern oder (Weih-)Bischöfen gespendet.

Das Sakrament der Taufe darf in Notfällen, zum Beispiel bei Todesgefahr, von jeder Christin, jedem Christen gespendet werden.

Das Ehesakrament spenden sich die Eheleute gegenseitig.

Sakramente gehören zum Glauben und begleiten wichtige religiöse Stationen des Lebens.

Die römisch-katholische und die griechisch-orthodoxe Kirche kennen sieben Sakramente: Taufe, Firmung, Kommunion bzw. Eucharistie, Ehe, Buße, Weihe, Krankensalbung. In den evangelischen Kirchen gelten nur Taufe und Abendmahl als Sakrament.

> – Da fällt mir nichts dazu ein.
> – Das ist irgendwas mit der Kirche.
> – Das heißt heilig oder so ähnlich.
> – Das ist ein Fluch.
> – Es gibt mehrere, eins ist die Taufe.
> – Ich glaube, das habe ich bei der Firmung bekommen.
> – Das trägt doch der Papst auf dem Kopf.
>
> *Schüler-Brainstorming zum Thema Sakrament*

sakral [zu lateinisch *sacer* „heilig"], allgemein: heilig, religiösen Zwecken dienend; Gegenteil: profan (weltlich)

DROGE ODER SAKRAMENT?

Es geht um Essen, Trinken und natürlich um Sex. Jedes Jahr für rund sechs Millionen Wiesn-Besucher. Eine Münchner Psychologin hat den jährlich wiederkehrenden Ausnahmezustand untersucht. Sie wollte wissen, was die Faszination der Wiesn ausmacht. Ihr Ergebnis: Es geht um Religion, Rituale und natürlich um Sex.

Seit mehr als zehn Jahren beschäftigt sich Brigitte Veiz mit dem Oktoberfest und vor allem mit seinen Besuchern. In ihren Auswertungen zieht die Psychologin Parallelen zu den dionysischen Festen der Antike, nennt die Wiesn ein „bavarisch-dionysisches Fest" und attestiert ihr fast etwas Religiöses.

SAKRALES ERLEBNIS

Das gemeinschaftliche Teilen am Biertisch habe den Charakter einer Kommunion. Statt Brot und Wasser werden hier eben Hendl und Bier unter den „Gläubigen" und gelegentlich halt auch unter den Tischen verteilt. Zum kollektiven Trinkerlebnis aus dem rituellen Gefäß Maßkrug ruft statt des Pfarrers der Dirigent. Er gibt mit seinen Trinksprüchen den Takt der gemeinsamen (Mess-)Feier vor. Nur Beichte und Buße fallen im Bierzelt meistens aus.

- Nennen Sie sakrale Erlebnisse.
- Definieren Sie sakral.
- Erörtern Sie die These über das Oktoberfest als Sakrament.

TIPP
Schulhof-Umfrage: „Was ist ein Sakrament?"

Berührt zu neuem Leben

▶ Durch die *Taufe* wird der Mensch ein „Kind Gottes" und somit auch Mitglied in der Glaubensgemeinschaft der Christen.
Die Taufe ist Voraussetzung, um weitere Sakramente empfangen zu können.
Die christliche Taufe hat ihren Ursprung in der Taufe Jesu durch Johannes. Das Übergießen mit Wasser symbolisiert das Reinigen von Sünden und den Neubeginn. Taufe ist vor allem ein Zeichen des Glaubens, aber auch ein Zeichen der Hinwendung zu Jesus Christus, mit der Gewissheit der Auferweckung.

Die erste Taufe, die im Neuen Testament erwähnt wird, ist die Taufe Jesu durch Johannes. Deshalb wird er Johannes der Täufer genannt. Getauft wurde im Wasser des Jordans, die Taufe war mit dem Bekenntnis der Sünden und der Bereitschaft zur Umkehr verbunden.
Heute ist im Christentum die Kindertaufe üblich. Eltern und Taufpaten bekennen stellvertretend für das Kind ihren Glauben an Christus und versprechen, das Kind christlich zu erziehen. Bei der (ev.) Konfirmation oder der (kath.) Firmung bestätigen die Jugendlichen ihre Taufe selbst, indem sie das Bekenntnis zu Jesus Christus ablegen und ihren Glauben bekräftigen. Einer Erwachsenentaufe geht eine Zeit der Einführung in den Glauben (Katechumenat) voraus.

> **AUS DEM** Matthäus-Evangelium
> **3:13** Zu dieser Zeit kam Jesus von Galiläa an den Jordan zu Johannes, um sich von ihm taufen zu lassen.
> **3:14** Johannes aber wollte es nicht zulassen und sagte zu ihm: Ich müsste von dir getauft werden, und du kommst zu mir?
> **3:15** Jesus antwortete ihm: Lass es nur zu! Denn nur so können wir die Gerechtigkeit (die Gott fordert) ganz erfüllen. Da gab Johannes nach.
> **3:16** Kaum war Jesus getauft und aus dem Wasser gestiegen, da öffnete sich der Himmel, und er sah den Geist Gottes wie eine Taube auf sich herabkommen.
> **3:17** Und eine Stimme aus dem Himmel sprach: Das ist mein geliebter Sohn, an dem ich Gefallen gefunden habe.

> **AUS DEM** Matthäus-Evangelium
> **28:18** Da trat Jesus auf sie zu und sagte zu ihnen: Mir ist alle Macht gegeben im Himmel und auf der Erde.
> **28:19** Darum geht zu allen Völkern, und macht alle Menschen zu meinen Jüngern; tauft sie auf den Namen des Vaters und des Sohnes und des Heiligen Geistes,
> **28:20** und lehrt sie, alles zu befolgen, was ich euch geboten habe. Seid gewiss: Ich bin bei euch alle Tage bis zum Ende der Welt.

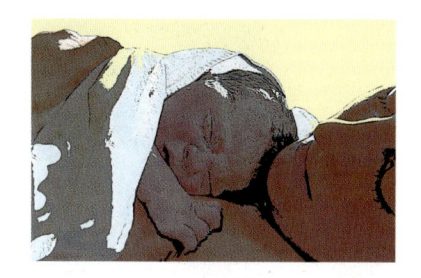

- Fragen Sie Ihre Eltern, wie Ihre Taufe gefeiert wurde. Schauen Sie Videos und Bilder an.
- Würden Sie Ihr Kind taufen lassen? Warum nicht? Warum?
- Beschreiben Sie die Bedeutung der Taufe für Christen.

TIPP
Feiern Sie einen Taufgottesdienst mit.

Taufsymbole

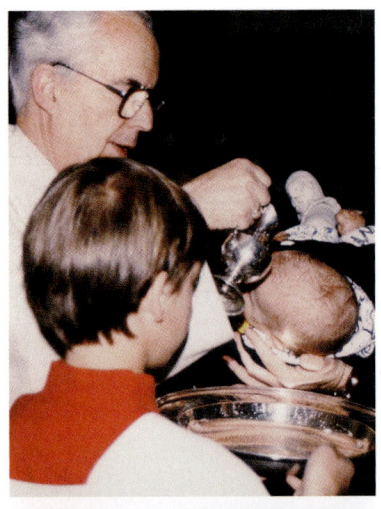

DIE TAUFKERZE
Die Taufkerze ist ein Zeichen für die Auferweckung. Jesus hat von sich selbst gesagt: „Ich bin das Licht der Welt", und auch die Menschen aufgefordert: „Ihr seid das Licht der Welt." Der Vater oder Pate/Patin entzündet die Taufkerze an der Osterkerze, um das Licht Christi weiterzugeben. Es soll das Leben des Täuflings erhellen, wie Christus das Leben der Menschen erhellt.

DAS WEIHWASSER
Der Pfarrer gießt dreimal Wasser über den Kopf des Täuflings und sagt dabei: „Ich taufe dich im Namen des Vaters und des Sohnes und des Heiligen Geistes." Wasser ist ein Zeichen für Leben, Reinigung und Erneuerung. Durch die Taufe wird der Mensch von der Erbsünde und allen bisher begangenen Sünden befreit.

DAS KREUZZEICHEN
Das Kreuzzeichen ist das kürzeste Glaubensbekenntnis getaufter Christen. Zu Beginn der Taufe bezeichnet der Priester oder Diakon den Täufling mit dem Kreuzzeichen, danach die Eltern und die Paten. Dies drückt aus, dass der Täufling zu Christus gehört.

DIE SALBUNG MIT CHRISAM
Der Pfarrer salbt den Täufling mit Chrisam (geweihtem Öl) und besiegelt so die Aufnahme des Täuflings in das Volk Gottes. Die Salbung bestätigt auch die Würde des Menschen; denn durch die Salbung hat der Getaufte Anteil an der Würde von Christus. „Jeder Getaufte soll in seinem Leben, in Familie und Beruf Jesus Christus bezeugen und vergegenwärtigen."

DAS TAUFKLEID
Das weiße Kleid wird dem Täufling während der Taufe aufgelegt oder angezogen. Das Kleid ist Ausdruck für die Hoffnung, der Täufling möge ein christusähnliches Leben führen. Dieses Symbol erinnert an den Brief des Apostels Paulus an die Galater, in dem es heißt: „Denn ihr alle, die ihr auf Christus getauft seid, habt Christus angelegt."

■ Zeichnen Sie Taufsymbole und ordnen Sie ihnen Aussagen zu.

Berührt werden: Sakramente

Eucharistie – Gottes Sohn berührt uns

▶ Das Wort Eucharistie stammt aus dem Griechischen und bedeutet „Danksagung". Die sonntägliche Feier der Eucharistie ist ein Dank der Gemeinde für die Liebe Gottes und seine Schöpfung. Sie ist der wöchentliche Höhepunkt und Zentrum des kirchlichen Lebens der Christen.
Durch die Wandlung des Brotes und des Weines in den Leib und das Blut Christi ist Jesus Christus unter uns.
Wenn Kinder zum ersten Mal Kommunion (d. h. Gemeinschaft) feiern, erfahren sie durch diese Aufnahme die Gemeinschaft mit Gott und den anderen Gläubigen. Normalerweise gehen Kinder in der dritten Klasse, also mit ca. neun Jahren zur Erstkommunion. Sie werden in ihren Familien und Gemeinden darauf vorbereitet und erfahren etwas über ihre Beziehung zu Gott.

> **AUS DEM** Lukas-Evangelium
> **22:14** Als die Stunde gekommen war, begab Jesus sich mit den Aposteln zu Tisch.
> **22:15** Und er sagte zu ihnen: Ich habe mich sehr danach gesehnt, vor meinem Leiden dieses Pessachmahl mit euch zu essen.
> **22:16** Denn ich sage euch: Ich werde es nicht mehr essen, bis das Mahl seine Erfüllung findet im Reich Gottes.
> **22:17** Und er nahm den Kelch, sprach das Dankgebet und sagte: Nehmt den Wein und verteilt ihn untereinander!
> **22:18** Denn ich sage euch: Von nun an werde ich nicht mehr von der Frucht des Weinstocks trinken, bis das Reich Gottes kommt.
> **22:19** Und er nahm Brot, sprach das Dankgebet, brach das Brot und reichte es ihnen mit den Worten: Das ist mein Leib, der für euch hingegeben wird. Tut dies zu meinem Gedächtnis!
> **22:20** Ebenso nahm er nach dem Mahl den Kelch und sagte: Dieser Kelch ist der Neue Bund in meinem Blut, das für euch vergossen wird.

Ali: Das glaubst du ja wohl selbst nicht, dass Jesus in der Hostie ist!
Sarah: Wohl erst nach der Wandlung. Und wahrscheinlich auch nicht in der Hostie drin.
Ali: Was heißt „Wandlung"?
Sarah: Der Pfarrer hält im Gottesdienst die Hostie und den Wein hoch und sagt dann, dass es nun Leib und Blut Christi sind.
Ali: Das ist mir zu kompliziert. Wie soll denn das funktionieren? Bei einem Zaubertrick sieht man wenigstens ein Ergebnis.
Sarah: Ich denke, es geht nicht um das Sehen, wie bei einem Zaubertrick, sondern darum, dass Jesus wirklich bei mir ist und mir Hoffnung gibt.
Ali: Dann muss man ihn ja sehen können, wenn er bei einem ist.
Sarah: Du glaubst ja auch an den Propheten Muhammad, obwohl du ihn noch nie gesehen hast.
Ali: Das ist ja was anderes … Der hat ja gelebt und ist jetzt tot.
Sarah: Jesus hat auch gelebt, der ist aber nach seinem Tod auferweckt worden.
Ali: Vielleicht kann er ja deshalb im Gottesdienst anwesend sein?
Sarah: Vielleicht.

■ Verfassen Sie ein Klassenstatement: Das verstehen wir unter Eucharistie.
■ Beschreiben Sie das Gefühl, nicht allein zu sein.
■ Nennen Sie Erinnerungsrituale.

TIPP
Bringen Sie Ihre Erstkommunion-Bilder in den Unterricht mit und erinnern Sie sich.

Berührt werden: Sakramente

Berührt – Gestärkt

Die junge Frau wird gefirmt: Der Bischof zeichnet ein Kreuz mit Chrisam (das geweihte Öl) auf ihre Stirn und spricht: „[Name], sei besiegelt durch die Gabe Gottes, den Heiligen Geist!" Das Chrisam wird anschließend mit etwas Watte abgenommen. Die Patin drückt ihre Unterstützung durch die aufgelegte Hand aus.

- „Korrigieren" Sie den Brief im Hinblick auf Ihre eigene Lebenssituation und Ihre Glaubensentwicklung.
- Beschreiben Sie das Wesen der Firmung im Brief.
- In einem Film von Karl Valentin, „Der Firmling", ist der Vater zu arm, seinem Sohn einen Anzug für das Fest der Firmung zu kaufen. Bewerten Sie den heutigen Trend zu immer teureren Geschenken bei Erstkommunion und Firmung/Konfirmation.
- Welche Bedeutung hat die Firmung für Sie?

▶ Der Begriff „*Firmung*" kommt vom lateinischen *firmus* und heißt „sicher, fest". Die Firmung ist die „Vollendung der Taufe" und ist das Sakrament, das den Heiligen Geist verleiht, um die Verbindung mit Gott, Jesus Christus und der Kirche zu stärken. Die jungen Erwachsenen sind aufgefordert, in Wort und Tat für den christlichen Glauben einzustehen.

BRIEF AN JUNGE FIRMBEWERBER/INNEN

Du bist nun, wie eine Redensart sagt, aus den Kinderschuhen herausgewachsen. Früher haben deine Eltern und Erzieher weitgehend dein Leben bestimmt, jetzt wächst dein Wunsch nach Freiheit und Selbstständigkeit. Du denkst nun über vieles nach, was du noch vor einigen Jahren fraglos angenommen hast. Von dieser prüfenden Einstellung nimmst du auch deinen Glauben nicht aus. Dein Glaube an Christus hat seine eigene Geschichte. Angefangen hat diese Geschichte, als deine Eltern dich zur Taufe brachten. Später haben sie dich die ersten Gebete gelehrt. Du hast mit ihrem Einverständnis den Religionsunterricht der Schule besucht. Dein Glaubenswissen ist größer geworden. Dein Erstkommuniontag wird dir noch in guter Erinnerung sein. Begreiflicherweise konnten deine Eltern dich nicht fragen, ob du die Taufe empfangen willst. Dafür warst du noch zu klein. Du hast die Taufe empfangen wie viele andere guten Gaben, wie Nahrung, Kleidung und ein Dach über dem Kopf. Jetzt hast du dich zur Firmung angemeldet. Damit beginnt für dich ein Vorbereitungskurs, der dir hilft, zu verstehen, was das Sakrament der Firmung für dich bedeutet. Ziel dieser Vorbereitung ist, dass du selber ein freies Ja zu deiner Taufe sagen kannst: Ich bemühe mich, Christus, den Sohn Gottes, als den Herrn meines Lebens anzunehmen.

Firmung ist aber noch mehr als ein nachgeholtes, freiwilliges Ja zur Taufe. Wie Jesus für die Seinen um die Gabe des Heiligen Geistes gebetet hat, so betet die Kirche für dich; der Bischof salbt deine Stirn, auf dass Gott dich mit Heiligem Geist erfülle:

Er gibt dir Mut, dich vor anderen zu Christus zu bekennen.

Er gibt dir Schwung, dich in deiner Pfarrgemeinde aktiv für die gute Sache Christi einzusetzen.

Er hilft dir, deine Fähigkeiten zu entdecken und zu entwickeln. Er steht dir bei in wichtigen Entscheidungen deines Lebens. Er hilft dir, ein eigenständiger Mensch zu sein. Er hilft dir in der Auseinandersetzung mit dem Bösen.

Sich berühren und von Gott berührt

▶ Nach katholischem Verständnis ist die Ehe ein Sakrament, also ein wirksames Zeichen, in dem Gott den sich Trauenden seine Liebe und Hilfe für das gemeinsame Leben zusagt. Die Ehe lässt sich mit dem Bund zwischen Christus und der Kirche vergleichen: Wie Christus und die Kirche eins sind, so gilt die Ehe als unauflösbare Gemeinschaft. Das Ehesakrament spenden sich Frau und Mann gegenseitig. Normalerweise wird das Sakrament in einer Kirche und vor einem Priester oder Diakon gespendet. Eine gültige Eheschließung setzt den aufrichtigen Ehewillen, Liebe und Treue der Partner und die Bereitschaft für Kinder voraus. Nur wenn diese Bedingungen erfüllt sind, gilt eine Ehe zwischen Christen als grundsätzlich unauflöslich.

REGELN FÜR EINE GELINGENDE PARTNERSCHAFT

– **Wertschätzung**
 Sie drücken sich gegenseitig immer wieder Ihre Wertschätzung aus, in Worten und mit kleinen oder größeren Aufmerksamkeiten.

– **Regelmäßiger Austausch**
 Sie hören sich gegenseitig zu und nehmen sich regelmäßig Zeit, um Ihre Gedanken und Gefühle über Ihr Erleben auszutauschen.

– **Selbstausdruck statt Erwartung von Gedankenlesen**
 Sie teilen sich Ihre Bedürfnisse, Wünsche und Störungen mit, statt zu erwarten, dass er oder sie Ihre Gedanken liest.

– **Konflikte fair austragen**
 Sie sind keineswegs immer einer Meinung. Doch Sie tragen Ihre Konflikte offen und fair aus, ohne die oder den anderen abzuwerten.

– **Offen für Einflussnahme**
 Sie sind offen für die Ideen und Vorstellungen Ihres Partners oder Ihrer Partnerin und lassen sich von ihm/ihr beeinflussen.

– **Nein akzeptieren**
 Sie akzeptieren ein Nein Ihres Partners, Ihrer Partnerin ohne Groll und ohne immer wieder nachzubohren.

– **Beziehung pflegen**
 Sie nehmen sich immer wieder einmal bewusst Zeit, um gemeinsam aus dem Alltagstrott auszusteigen und etwas nur zu zweit zu machen.

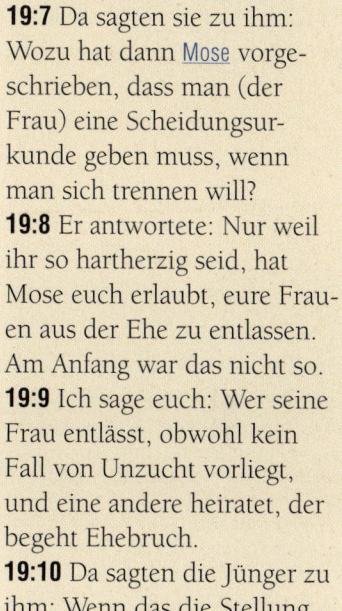

AUS DEM Matthäus-Evangelium
19:7 Da sagten sie zu ihm: Wozu hat dann Mose vorgeschrieben, dass man (der Frau) eine Scheidungsurkunde geben muss, wenn man sich trennen will?
19:8 Er antwortete: Nur weil ihr so hartherzig seid, hat Mose euch erlaubt, eure Frauen aus der Ehe zu entlassen. Am Anfang war das nicht so.
19:9 Ich sage euch: Wer seine Frau entlässt, obwohl kein Fall von Unzucht vorliegt, und eine andere heiratet, der begeht Ehebruch.
19:10 Da sagten die Jünger zu ihm: Wenn das die Stellung des Mannes in der Ehe ist, dann ist es nicht gut zu heiraten.
19:11 Jesus sagte zu ihnen: Nicht alle können dieses Wort erfassen, sondern nur die, denen es gegeben ist.

AUS DEM BUCH JESAJA
46:6 Bis ihr grau werdet, will ich euch tragen.

■ Was bedeutet für Sie das Sakrament der Ehe?
■ Welche Ratschläge geben Sie Paaren, die heiraten wollen?

TIPP
Befragen Sie Ihre Eltern nach deren Hochzeitsfeier.

Berührt werden: Sakramente

Bußsakrament – auch im Scheitern von Gott berührt

AUS DEM Johannes-Evangelium
20:23 Wem ihr die Sünden vergebt, dem sind sie vergeben; wem ihr die Vergebung verweigert, dem ist sie verweigert.

▶ „Wo Menschen sind, menschelt es!"
Menschen machen Fehler, sie sündigen und werden dadurch schuldig. Unterschiedlichste Lebensbedingungen und Anforderungen verlangen von Menschen, immer richtig zu funktionieren. Sie können jedoch ihrer Verantwortung nicht immer gerecht werden und versagen.
Das Sakrament der *Versöhnung* möchte den Menschen in solch schwierigen Situationen helfen:
– das Gewissen zu schulen,
– die Fähigkeit zu Selbstkritik, Trauer und Reue nicht zu verlieren,
– einen Raum des Gespräches über Probleme zu finden,
– Worte der Lossprechung, der Verzeihung und der Versöhnung anzunehmen,
– Fehler zu erkennen und Veränderung anzustreben.

Die Beichte, nicht der Priester, erteilt uns die Absolution.
Oscar Wilde

**Seit die Beichtstühle immer leerer werden,
werden die Psychotherapeuten immer reicher.**
Unbekannt

TALKSHOWS – DIE ÖFFENTLICHE BEICHTE

Vor laufender Kamera werden intimste Probleme und Gefühle ausgebreitet. Dem Zuschauer vermittelt das einen Eindruck von Nähe und Echtheit. Er kann sich mit den Kandidaten und ihren Problemen identifizieren, er ist persönlich betroffen: von Arbeitslosigkeit, Scheidung, Krankheit. „Alles, was Emotionen bietet, ist für uns interessant", sagt die Programmleiterin von RTL II. Je mehr Emotionen vorkommen, desto größer ist eben der Unterhaltungswert. Doch was die beinahe täglichen Beratungs-Shows besonders beliebt macht, ist die Tatsache, dass Probleme immer erfolgreich gelöst werden. Es dauert ja keine Stunde, da scheint auch schon wieder die Sonne.

Im Sakrament der Beichte wird der schuldig gewordene Mensch nicht fallen gelassen, sondern von einem Priester begleitet.

■ Diskutieren Sie die Aussagen zum Sakrament der Beichte.
■ Was würden Sie nie öffentlich bekennen?
■ Beschreiben Sie die Vorteile einer Beichte.
■ Wie versöhnen Sie sich ohne Beichte?

Berührt werden: Sakramente

Krankensalbung – auf dem Weg zu Gott berührt

▶ Früher wurde die Krankensalbung auch „Letzte Ölung" genannt und mit dem baldigen Sterben assoziiert. Der heutige Begriff Krankensalbung verdeutlicht besser, was das Sakrament meint.
Ein Priester spendet es meist schwerkranken Menschen. Es zeigt, dass Gott den kranken Menschen beisteht und ihnen in ihrem Leid hilft. Das Neue Testament berichtet, wie sich Jesus um Kranke gekümmert hat. Auch die Jünger salbten Kranke mit Öl, um ihnen Linderung zu schaffen und zu zeigen, dass Gott da ist. Beim Spenden der Krankensalbung salbt der Priester mit Chrisam Stirn und Hände der Betroffenen. Er spricht: „Durch diese heilige Salbung helfe dir der Herr in seinem reichen Erbarmen und stehe dir bei mit der Kraft des Heiligen Geistes. Der Herr, der dich von Sünden befreit, rette dich; in seiner Gnade richte er dich auf." Gerade der kranke Mensch bedarf der Berührung durch Gott.

Käthe Kollwitz, Ruf des Todes, 1934/35

AUS DEM BRIEF DES JAKOBUS
5:14 Ist einer von euch krank? Dann rufe er die Ältesten der Gemeinde zu sich; sie sollen Gebete über ihn sprechen und ihn im Namen des Herrn mit Öl salben.

AUS DEM ZWEITEN BRIEF AN TIMOTHEUS
4:6 Die Zeit meines Aufbruchs ist nahe.
4:7 Ich habe den guten Kampf gekämpft, den Lauf vollendet, die Treue gehalten.
4:8 Schon jetzt liegt für mich der Kranz der Gerechtigkeit bereit, den mir der Herr, der gerechte Richter, an jenem Tag geben wird, aber nicht nur mir, sondern allen, die sehnsüchtig auf sein Erscheinen warten.

Glauben Sie, dass am Ende alles gut wird?

Herbert Achternbusch, SZ-Interview

ZUM LAZARUS

Es hatte mein Haupt die schwarze Frau
Zärtlich ans Herz geschlossen;
Ach! meine Haare wurden grau,
Wo ihre Tränen geflossen.

Sie küsste mich lahm, sie küsste mich krank,
Sie küsste mir blind die Augen;
Das Mark aus meinem Rückgrat trank
Ihr Mund mit wildem Saugen.

Mein Leib ist jetzt ein Leichnam,
Worin der Geist ist eingekerkert –
Manchmal wird ihm unwirsch zu Sinn,
Er tobt und rast und berserkert.

Ohnmächtige Flüche! Dein schlimmster Fluch
Wird keine Fliege töten.
Ertrage die Schickung, und versuch
Gelinde zu flennen, zu beten.

Heinrich Heine

Kurz vor seinem Tod schrieb Heinrich Heine aus seiner „Matratzengruft", die er aufgrund einer Rückgratserkrankung nicht mehr verlassen konnte, das ironische Gedicht „Zum Lazarus".

■ Beschreiben Sie, was die Krankensalbung in der oder dem Kranken bewirken kann.

Berührt werden: Sakramente

Berührt, um zu berühren

▶ In der Kirche gibt es besondere Ämter: Bischöfe, Priester und Diakone werden nach entsprechender Ausbildung und Vorbereitung geweiht.
Religionslehrkräfte und pastorale MitarbeiterInnen werden ebenfalls zu ihrem Dienst beauftragt.
Ihre Ämter bezeugen die Verbindung mit Christus, der Kirche und den Gläubigen. Deshalb werden sie durch Handauflegung und Weihegebet als Sakrament übertragen (vgl. S. 52).

DER CLOWN GOTTES
MULTIRELIGIÖSE ZIRKUS- UND SCHAUSTELLERWELT

Wozu eigentlich braucht es einen Zirkus-, Markthändler- und Schaustellerpfarrer? Das wird Ernst Heller oft gefragt. Antworten auf diese Frage findet er tagtäglich auf den Plätzen. Schon rasch nach Arbeitsbeginn in seinem neuen Amt merkte Heller: Diese Arbeit ist ungemein spannend und herausfordernd. Er umfasst die ganze mobile Gemeinde: das Reisegewerbe, Künstler der Eisrevuen, Schausteller und Zirkus-Artisten.

Dieser kirchliche Arbeitsbereich ist in den letzten Jahren noch gewachsen. Ein Hauptgrund: Die Zirkus- und Schaustellerwelt wird durch stete Zuwanderung immer mehr multinational – und multireligiös. Das fahrende Volk ist zudem auf eine seltsam intensive Art religiös. Aufgrund negativer Erlebnisse ist ihr Verhältnis zur Institution Kirche zwar eher distanziert, ihr Glaubensleben jedoch ist unerwartet tief. Vielleicht, weil man um die Gefährlichkeit der Arbeit weiß …

Ob polnische Zeltarbeiter oder französische Trapezkünstler – viele suchen das Gespräch mit dem Zirkus-Pfarrer, um über Fragen des Lebens zu reden. Artisten scheinen nicht nur die Balance, sondern auch den Glauben als Netz für waghalsige Nummern zu brauchen. In dieser Szene werden eigene Glaubens-Rituale gepflegt. Oftmals laden ihn die Artisten in ihren Wohnwagen ein und zeigen ihm Kettchen und Amulette, ihre Glücksbringer. Toleranz und Sachverstand sind bei seiner Arbeit gefragt, wenn er nicht nur Christen, sondern auch Muslime, Buddhisten und Hindus besucht.

RANDSEELSORGE – IM RAMPENLICHT UND DOCH AM RAND

Die Zirkus-, Markthändler- und Schausteller-Seelsorge gilt als „Randseelsorge", ein für Priester faszinierendes, jedoch schwieriges Arbeitsgebiet, da es viel Sensibilität und Einfühlungsvermögen für die Branche benötigt. Lange Zeit wurde die „fahrende Gemeinde" seitens der Kirche vernachlässigt. Mehr denn je ist Ernst Heller überzeugt: Es braucht Ansprechpartner, die die Werte, Mentalität und Alltagssorgen der zutiefst von ihrer fahrenden Lebensweise geprägten Menschen verstehen. Denn: Vom „Zirkus" hinter dem Zirkus sehen die Besucher meistens nichts. Vieles ist nur vordergründig romantisch. Fernab der Spotlights geht es um Konkurrenzdruck und Neid. Um Einsamkeit, Beziehungsprobleme und um Unfälle, die eine verheißungsvolle Karriere beenden können. Aus vielen Gesprächen in Requisitenräumen weiß Ernst Heller, dass es Tage gibt, an denen sich das Zelt nicht füllt. Er begleitet Artisten in ihren Krisen, bei denen im Trott zwischen Zeltaufbau und Abschminken die Faszination Zirkus gelitten hat. Ein andermal muss er einen alten Artisten trösten, der depressiv geworden ist, weil er merkt, dass er die Bühne verlassen muss. Das Bedürfnis nach Gespräch, Trost und Zuversicht ist immer da.

AUS DEM Matthäus-Evangelium
14:35 Als die Leute dort ihn erkannten, schickten sie Boten in die ganze Umgebung. Und man brachte alle Kranken zu ihm
14:36 und bat ihn, er möge sie wenigstens den Saum seines Gewandes berühren lassen. Und alle, die ihn berührten, wurden geheilt.

■ Was erwarten Sie von Seelsorgern?

TIPP
Besuchen Sie den nächsten Zirkus in Ihrer Stadt.

Berührt werden: Sakramente

Sieben Sakramente systematisch

Sakramente	Lebenssituationen, Menschliche Erfahrung	Symbole, Gesten	Worte
Taufe	Neues menschliches Leben ist hilflos, es braucht Liebe und Zuwendung, es wird Gott anvertraut.	Übergießen des Kopfes mit Wasser	„Ich taufe dich im Namen des Vaters und des Sohnes und des Heiligen Geistes."
Eucharistie, Kommunion	Menschen können alleine nicht leben, sie brauchen die Gemeinschaft und Kommunikation.	Brot und Wein, Teilen des Brotes	„Dies ist mein Leib. Dies ist mein Blut."
Firmung	Jugendliche brauchen Zuspruch und Stärke, um das Leben in einer sich ständig verändernden Gesellschaft mit hohen Anforderungen zu bewältigen, sich Gott zu öffnen.	Zeichen des Kreuzes mit Chrisam auf die Stirn	„Sei besiegelt durch die Gabe Gottes, den Heiligen Geist."
Ehe	Menschen brauchen Partnerschaft, dort schenken und empfangen sie Liebe. In der Liebe zwischen Mann und Frau ereignet sich die Liebe Gottes neu.	Austauschen der Ringe und Ineinanderlegen der Hände	„Ich nehme dich an als meine Ehefrau. Ich nehme dich an als meinen Ehemann."
Buße	Menschen werden in Schule und Beruf, in Partnerschaft und Familie, aber auch in der Freizeit schuldig. Sie brauchen Begleitung und die Gewissheit der Vergebung ihrer Sünden.	Kreuzzeichen	Bekenntnis der Sünden Lossprechung durch den Priester „Ich spreche dich los von deinen Sünden im Namen des Vaters und des Sohnes und des Heiligen Geistes."
Krankensalbung	Kranke und Sterbende brauchen aktiven Beistand, Trost und Hilfe. Gott bleibt auch im Leid nahe.	Salbung der Stirn und der Hände mit Krankenöl	„Durch diese heilige Salbung helfe dir der Herr in seinem reichen Erbarmen und stehe dir bei mit der Kraft des Heiligen Geistes."
Weihe	Menschen fühlen sich berufen, Gott und den Menschen in besonderer Weise zu dienen. Sie wählen ein Leben im Dienst der Kirche und lassen sich zum Diakon, Priester oder Bischof weihen.	Handauflegung	„Allmächtiger Gott, wir bitten dich, gib deinen Knechten die priesterliche Weihe."

■ Geben Sie die Sakramente mit ihrer Bedeutung in eigenen Worten wieder.
■ Nennen Sie Beispiele für die verschiedenen Lebenssituationen. Diskutieren Sie, inwiefern ein Sakrament darauf „antwortet".
■ Welches Sakrament ist Ihnen am wichtigsten? Warum?

TIPP
Befragen Sie Ihre Eltern nach den sieben Sakramenten.

Berührt werden: Sakramente

Orientierungswissen 4: Berührt werden: Sakramente

→ **ORIENTIERUNG FÜR MEIN LEBEN**

In unserem alltäglichen Leben begegnen uns viele Symbole, bei denen ein Gegenstand oder ein Zeichen tiefere Bedeutung gewinnt. Die verschenkte Blume wird zu einem Zeichen der Liebe. Die Umarmung von einem befreundeten Menschen wird zu einem Zeichen der Gemeinschaft und Solidarität. Wir Menschen brauchen solche Zeichenhandlungen, die unser Leben begleiten und mit denen wir uns immer wieder vergewissern, dass wir nicht allein durch dieses Leben gehen. Solche Symbole vertiefen unser Leben und sind oft viel aussagekräftiger als lange Erklärungen und viele Worte.

→ **ORIENTIERUNG FÜR MEIN HANDELN**

Menschen verstehen einander nicht nur durch Worte. Auch in den kleinen Zeichen des Alltags kann ich deutlich machen, dass ich an einen anderen denke, dass ich mit ihm verbunden bin und dass ich bereit bin, Verantwortung zu übernehmen. Solches Handeln kann sich in kleinen Gesten und Symbolen ausdrücken. Auch die christlichen Sakramente – von der Taufe bis zur Krankensalbung – begleiten unser Leben. Sie können immer wieder sichtbare Zeichen dafür sein, dass mein Leben und mein Handeln einen tieferen Sinn besitzen: einen Ort, woher ich komme, und ein Ziel, wohin ich gehe.

→ **ORIENTIERUNG FÜR MEINEN GLAUBEN**

Die christlichen Sakramente sind sichtbare und wirksame Zeichen der Nähe Gottes in unserem Leben. Daher sind sie für die Christen auch von so großer Bedeutung, dass sie oft als Feste gefeiert werden. In den Symbolen von Licht, Wasser, kostbarem Öl und anderem wird deutlich, dass Gott in alltäglichen Symbolen und Gesten in unsere Welt kommt. Er ist kein ferner Gott, der irgendwo im Himmel wohnt, sondern er lässt sich auf die Elemente dieser Welt ein: Wir leben schon heute im Be-Reich Gottes.

TINA UND PAUL

PAUL: *Da hast du noch mal Glück gehabt.*

TINA: *Das war kein Glück, das war Können!*

PAUL: *Das Falsche gelernt und trotzdem eine gute Note, das ist wahres Glück. Wenn ich du wäre, würde ich Lotto spielen. Manche Leute haben das Glück gepachtet.*

TINA: *Ein Lottogewinn ist für mich nicht Glück, das ist Zufall. Glück kann ich selbst beeinflussen, wer glücklich ist, tut meist etwas dafür.*

PAUL: *Ich wäre heilfroh, wenn mir mal so etwas passieren würde, egal ob Glück oder Zufall. So ein glücklicher Zufall, das wäre einfach himmlisch! Aber meist habe ich Pech ...*

TINA: *Das war kein Pech, du hast einfach nichts gelernt.*

PAUL: *Ich habe schon gelernt, aber das Falsche.*

TINA: *Na, so ein Pech.*

Projektidee
Interviewen Sie Gleichaltrige, Eltern und alte Menschen zu zentralen Themen dieser Unterrichtseinheit. In einer Klassenzeitung veröffentlichen und vergleichen Sie die Ergebnisse.

Im Be-Reich Gottes

Glück – Heil – Segen & Co.

Wir haben von allem immer mehr in unserem Leben, mit einer Ausnahme: Glück. In den westlichen Industrieländern hat sich der materielle Lebensstandard in den letzten fünf Jahrzehnten, gemessen an den inflationsbereinigten Einkommen, verzwei- bis verdreifacht. Und nicht nur die gesteigerte Kaufkraft spricht für eine allgemeine Verbesserung der Lebensbedingungen. Auch der Gesundheitszustand, die Lebenserwartung, die Bildungschancen, die soziale und physische Mobilität sowie die Sicherheit des durchschnittlichen Menschen der westlichen Welt sind auf einem historischen Höchststand.

Das Goldene Zeitalter, von dem frühere Generationen träumten, ist hier und jetzt. Doch seit fünf Jahrzehnten hat der Anteil der Bevölkerung, der sich als glücklich beschreibt, nicht weiter zugenommen. Im Gegenzug werden immer mehr Depressionserkrankungen und stressbedingte Krankheiten verzeichnet. Der amerikanische Autor Gregg Easterbrook nennt die Entkopplung des Wohlbefindens vom Wohlstand das „Fortschrittsparadox" und fragt: „Warum fühlen die Leute sich schlechter, während das Leben besser wird?" Easterbrook führt eine Reihe brauchbarer Theorien an, um dieses Paradox aufzulösen. Da wäre zunächst die „Revolution der befriedigten Erwartungen": Die meisten Menschen beurteilen ihre Lage nicht nach dem Stand der Dinge, sondern auf der Grundlage ihrer Hoffnungen oder Ängste. Das mag erklären, warum bei vielen Meinungsumfragen heute die Mehrheit der Aussage zustimmt, die Eltern hätten es „zu ihrer Zeit besser gehabt" und die eigenen Kinder würden wohl in einer noch schlechteren Gesellschaft aufwachsen müssen.

Die Nachkriegsgesellschaften des Westens waren guten Mutes, dass die Kinder es einmal besser haben würden. Und sie hatten recht: Die Kinder haben es besser. Aber dies macht sie verzagt. Sie haben im Vergleich zu ihren Eltern (nicht zuletzt durch deren Vorarbeit) so vieles erreicht, dass es ihnen schwerfällt zu erwarten, die Zukunft könnte abermals mehr bringen.

Dies führt zur zweiten Erklärung des Fortschrittsparadoxes: „Zusammenbruchsangst". Die Kinder der Aufsteiger, die es unbedingt einmal besser haben sollten, haben gelernt, sich vor dem Mehr zu fürchten. Der Verdacht, dass sich ihr hoher Lebensstandard und die große persönliche Freiheit auf Dauer nicht aufrechterhalten lassen, sitzt tief in den Köpfen und Herzen der Bewohner des Westens. Wir fürchten globale Erwärmung, Terrorismus, entfesselte Gentechnik, neue Seuchen, den Aufstieg Chinas und die Dekadenz der eigenen Gesellschaft. „Nachhaltigkeit" ist das dunkle Wort, in dem sich die Ängste vor dem Kollaps verdichten. Es ist auch das Codewort für die Gegenstrategie. Ein beflügelndes Wort der Hoffnung ist es nicht.

Noch mal Glück gehabt!
So ein Segen!
Im Kreuz ist Heil.
Jeder ist seines Glückes Schmied.
Heile, heile Segen ...
Du Glückskind!
Sich regen bringt Segen.
Er suchte sein Heil in der Flucht.

- ■ Zeichnen Sie Glückssymbole.
- ■ Erinnern Sie sich daran, was Ihr größtes Glück war.
- ■ Unterscheiden Sie zwischen Glück, Heil und Segen.
- ■ Erfinden Sie anhand der Bilder eine Geschichte: „So ein Glück!"
- ■ Diskutieren Sie die Thesen zum „Fortschrittsparadox" im Text.

TIPP
Spielen Sie mit Freunden ein Würfelspiel.

Mit oder ohne Arbeit – Pech oder Glück?

AUSBILDUNG: DIE LETZTE CHANCE

Sandra tunkt den Pinsel in die grüne Farbe. „Malen macht echt Spaß", sagt die 20-Jährige. Die junge Frau hat schon viele Jobs gemacht. Nach dem Hauptschulabschluss begann sie eine Ausbildung zur Kinderpflegerin. „Die musste ich aber abbrechen, ich war einfach zu schlecht in der Schule." Danach jobbte Sandra in einer Tankstelle. Ihre Leidenschaft fürs Malen entdeckte sie bei einem sechsmonatigen berufsvorbereitenden Lehrgang, wo sie alle möglichen Berufe ausprobieren konnte: Koch/Köchin, Metallbauer/in und eben Maler/in.

ÜBERBETRIEBLICHE AUSBILDUNG STATT FABRIK-JOB

Doch auch danach bekam Sandra keine Lehrstelle. „Ich habe 40, 50 Bewerbungen geschrieben, doch niemand wollte mich." Die junge Frau suchte sich einen Job in der Fabrik. „Das war echt öde. Ich musste den ganzen Tag lang Nudelpackungen aufs Fließband legen." Ein wenig Hoffnung kam dann von der Arbeitsagentur. Sie könne auch ohne Betrieb eine Ausbildung machen, im Bildungszentrum der Handwerkskammer Münster – gefördert von Arbeitsagentur, Land und EU. Das war Sandras Chance. Jetzt wird sie Bauten- und Objektbeschichterin.

TEUFELSKREIS ARBEITSLOSIGKEIT

Wie Sandra geht es vielen Jugendlichen mit keinem oder schlechtem Hauptschulabschluss. Sie bekommen keine Lehrstelle und sind nach jahrelanger Arbeitslosigkeit demotiviert und ohne Perspektive. „Sie benötigten die Unterstützung ihrer Eltern, doch wenn auch die arbeitslos sind, gibt es wenig Hoffnung", meint Alfred Winkelmann, Ausbilder im Bildungszentrum der Handwerkskammer in Münster. Dort stehen für solche Jugendliche rund 100 überbetriebliche Ausbildungsplätze zur Verfügung. Auch die 22-jährige Ramona ist dort untergekommen. Sie fand nach der Hauptschule keine Lehrstelle und begann deshalb die Handelsschule. „Doch das war nichts für mich", sagt sie. „Mathe, BWL – einfach schrecklich." Ramona nahm daraufhin an einer berufsvorbereitenden Maßnahme teil und absolvierte Praktika. Erst als sie das Angebot für eine überbetriebliche Ausbildung zur Malerin erhielt, schöpfte Ramona Hoffnung. Jetzt ist sie zuversichtlich, dass sie nach der Lehre eine Stelle findet.

„BENACHTEILIGT", ABER NICHT CHANCENLOS

Laut Bildungszentrum finden 70 bis 80 Prozent der Jugendlichen mit einer überbetrieblichen Ausbildung einen Arbeitsplatz. Die übrigen versuchen es über Zeitarbeitsfirmen oder melden sich arbeitslos. Andere, wie der 27-jährige Alexander, der sich derzeit zum Industrie-Mechaniker ausbilden lässt, können sicher sein, einen Job zu finden. „Diese Fachkräfte werden händeringend gesucht, sie können sich nach der Lehre ihren Arbeitgeber sogar aussuchen", sagt der Ausbilder. Darauf hofft auch Yordy. Der 19-Jährige mit Hauptschulabschluss hat vor vier Wochen eine Ausbildung zum Teilezurichter begonnen. Der Ausbilder spricht vom „dritten Weg in die Berufsausbildung" – für viele Jugendliche ist er der letztmögliche auf den Arbeitsmarkt.

AUS DEM Matthäus-Evangelium
20:3 Um die dritte Stunde ging er wieder auf den Markt und sah andere dastehen, die keine Arbeit hatten.
20:4 Er sagte zu ihnen: Geht auch ihr in meinen Weinberg! Ich werde euch geben, was recht ist.

- Was bedeutet Arbeit für Sie?
- Diskutieren Sie, wie Sie im Fall von Arbeitslosigkeit Ihr Leben gestalten würden.

TIPP
Laden Sie Arbeitgeber zum Thema „Arbeitslos" ein.

Im Be-Reich Gottes

Das Reich Gottes

AUS DEM BUCH JESAJA

11:6 Dann wohnt der Wolf beim Lamm, der Panther liegt beim Böcklein. Kalb und Löwe weiden zusammen, ein kleiner Knabe kann sie hüten.
11:7 Kuh und Bärin freunden sich an, ihre Jungen liegen beieinander. Der Löwe frisst Stroh wie das Rind.
11:8 Der Säugling spielt vor dem Schlupfloch der Natter, das Kind streckt seine Hand in die Höhle der Schlange.
11:9 Man tut nichts Böses mehr und begeht kein Verbrechen auf meinem ganzen heiligen Berg; denn das Land ist erfüllt von der Erkenntnis des Herrn, so wie das Meer mit Wasser gefüllt ist.

Ein Reich, wo nach Jesu Gebet Gottes Name wirklich geheiligt wird, sein Wille auch auf Erden geschieht, die Menschen von allem die Fülle haben werden, alle Schuld vergeben und alles Böse überwunden sein wird. Ein Reich, wo nach Jesu Verheißungen endlich die Armen, die Hungernden, Weinenden, Getretenen zum Zuge kommen werden: wo Schmerz, Leid und Tod ein Ende haben werden. Ein Reich nicht beschreibbar, aber in Bildern ankündbar: als der neue Bund, die aufgegangene Saat, die reife Ernte, das große Gastmahl, das königliche Fest.

Ein Reich also – ganz nach den prophetischen Verheißungen – der vollen Gerechtigkeit, der unüberbietbaren Freiheit, der ungebrochenen Liebe, der universalen Versöhnung, des ewigen Friedens. In diesem Sinne also die Zeit des Heiles, der Erfüllung, der Vollendung, der Gegenwart Gottes: die absolute Zukunft.

Gott gehört diese Zukunft. Der prophetische Verheißungsglaube ist von Jesus entscheidend konkretisiert und intensiviert worden. Die Sache Gottes wird sich in der Welt durchsetzen! Von dieser Hoffnung ist die Reich-Gottes-Botschaft getragen. Im Gegensatz zur Resignation, für die Gott im Jenseits bleibt und der Lauf der Weltgeschichte unabänderlich ist. Nicht aus dem Ressentiment, das aus der Not und Verzweiflung der Gegenwart das Bild einer völlig anderen Welt in eine rosige Zukunft hineinprojiziert, stammt diese Hoffnung. Sondern aus der Gewissheit, dass Gott bereits der Schöpfer und der verborgene Herr dieser widersprüchlichen Welt ist und dass er in der Zukunft sein Wort einlösen wird.

Hans Küng

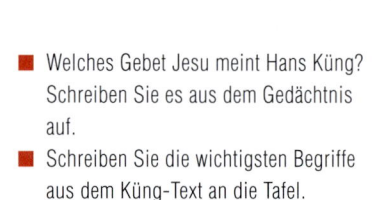

- Welches Gebet Jesu meint Hans Küng? Schreiben Sie es aus dem Gedächtnis auf.
- Schreiben Sie die wichtigsten Begriffe aus dem Küng-Text an die Tafel. Diskutieren Sie die Begriffe.
- Mit welchen Bildern beschreibt der Jesaja-Text das Reich Gottes?
- Beschreiben Sie mit eigenen (Sprach-) Bildern das Reich Gottes.

Reich Gottes – jetzt!

WAS BEDEUTET FÜR SIE „REICH GOTTES – JETZT"?
- „Das Leben zu feiern (es jedenfalls immer wieder zu versuchen)"
- „Jeder nach seinen Fähigkeiten, jedem nach seinen Bedürfnissen"
- „Leben in Fülle für alle"
- „Die Welt, wie sie sein sollte und sein könnte"
- „Im Rückblick einen ‚roten Faden' im eigenen Leben entdecken"
- „Bestimmte Entwicklungen im Rückblick auf seinen Lebensweg als göttliche Fügungen interpretieren"
- „Einfach zu leben (sich mit dem begnügen, was man wirklich braucht)"
- „Ehrfurcht vor dem Leben"
- „Ein Leben im Einklang und in der Harmonie mit allem"
- „Einfühlsames Verständnis"
- „Niemand muss mehr Angst haben – vor nix und niemand."
- „Weltordnung ohne Duldung von Kriegen – erfüllte Verheißung: Schwerter zu Pflugscharen"
- „Eros"
- „Spiritualität, Achtsamkeit"
- „Weg vom Konsum"
- „Alle sollen leben."
- „Dein Anliegen ist wichtig."
- „Schönheit"
- „Demut vor der Schöpfung"
- „Folterer hinter Gitter!"
- „Freude"
- „Das Reich Gottes ist mitten unter uns. Hier auf dem Kirchentag und überall!"
- „Toleranz"

Es kommt darauf an, dass die Gemeinde Eltern und Kinder, die sie bei der Taufe in das Volk Gottes aufgenommen hat, kompetent unterstützt und begleitet, und so Gemeinschaft (*communio*), Begegnungsraum und Begegnungsort, Ort erlebter Solidarität und lebendiger Feier der Gottesbeziehung wird. Kirche als Volk Gottes besteht aus vielen einzelnen Gliedern, die ihrerseits in der Regel wieder in kleinen Gruppen und Gemeinschaften zusammenleben. Familien sind solche kleinen Gruppen und Gemeinschaften.

AUS DEM Markus-Evangelium
4:30 Er sagte: Womit sollen wir das Reich Gottes vergleichen, mit welchem Gleichnis sollen wir es beschreiben?
4:31 Es gleicht einem Senfkorn. Dieses ist das kleinste von allen Samenkörnern, die man in die Erde sät.
4:32 Ist es aber gesät, dann geht es auf und wird größer als alle anderen Gewächse und treibt große Zweige, sodass in seinem Schatten die Vögel des Himmels nisten können.

- Diskutieren und ergänzen Sie die Vorstellungen von „Reich Gottes – jetzt".
- Deuten Sie das Gleichnis vom Senfkorn.
- Erfinden Sie ein zeitgemäßes Gleichnis für die Vorstellung vom Reich Gottes.
- Erklären Sie, wie aus Familien heraus „Reich Gottes" entsteht und wächst.

TIPP
Befragen Sie Ihre Lehrer: Was bedeutet für Sie „Reich Gottes – jetzt"?

Im Be-Reich Gottes

Jesus und das Reich Gottes

▶ Im Zentrum der Predigten Jesu stand die *Botschaft vom Reich Gottes* (Mk 1:16). Damit knüpfte er an die alttestamentarische Prophetie von Deuterojesaja und Daniel an. In den Evangelien wird durch das Handeln Jesu, seine Lehrgespräche und vor allem durch die Gleichnisse verdeutlicht, was mit dem Reich Gottes gemeint ist. Jesus redet davon, dass Gottes Reich unmittelbar bevorsteht, es aber auch schon angebrochen ist.

AUS DEM Markus-Evangelium
4:1 Ein andermal lehrte er wieder am Ufer des Sees, und sehr viele Menschen versammelten sich um ihn. Er stieg deshalb in ein Boot auf dem See und setzte sich; die Leute aber standen am Ufer.
4:2 Und er sprach lange zu ihnen und lehrte sie in Form von Gleichnissen. Bei dieser Belehrung sagte er zu ihnen:
4:3 Hört! Ein Sämann ging aufs Feld, um zu säen.
4:4 Als er säte, fiel ein Teil der Körner auf den Weg, und die Vögel kamen und fraßen sie.
4:5 Ein anderer Teil fiel auf felsigen Boden, wo es nur wenig Erde gab, und ging sofort auf, weil das Erdreich nicht tief war;
4:6 als aber die Sonne hochstieg, wurde die Saat versengt und verdorrte, weil sie keine Wurzeln hatte.
4:7 Wieder ein anderer Teil fiel in die Dornen, und die Dornen wuchsen und erstickten die Saat, und sie brachte keine Frucht.
4:8 Ein anderer Teil schließlich fiel auf guten Boden und brachte Frucht; die Saat ging auf und wuchs empor und trug dreißigfach, ja sechzigfach und hundertfach.
4:9 Und Jesus sprach: Wer Ohren hat zum Hören, der höre!

AUS DEM Markus-Evangelium
1:14 Nachdem man Johannes ins Gefängnis geworfen hatte, ging Jesus wieder nach Galiläa; er verkündete das Evangelium Gottes
1:15 und sprach: Die Zeit ist erfüllt, das Reich Gottes ist nahe. Kehrt um, und glaubt an das Evangelium!

AUS DEM Lukas-Evangelium
17:21 Man kann auch nicht sagen: Seht, hier ist es!, oder: Dort ist es! Denn: Das Reich Gottes ist (schon) mitten unter euch.

- Deuten Sie das Gleichnis vom Sämann.
- Schlagen Sie bei Mk 4:10 nach, was Sinn und Zweck der Gleichnisse ist.
- Schlagen Sie bei Mk 4:13-20 nach, wie Jesus selbst sein Gleichnis deutet.
- Übertragen Sie das Gleichnis vom Sämann in die heutige Zeit. Führen Sie es als Rollenspiel auf.

Im Be-Reich Gottes

Himmel im Neuen Testament

Den Himmel stelle ich mir ganz weich und wattig vor.
Dort ist alles gut.
Gott wohnt im Himmel.
Himmel ist überall dort, wo Menschen friedlich
miteinander leben.
Es gibt keinen Himmel, das ist Kindergartengeschwätz.
Wenn man im Himmel ist, ist man Gott nahe,
das kann auch jetzt und auf der Erde sein.
Im Himmel sind die Engel.
Himmel ist kein Ort.

Schüleraussagen

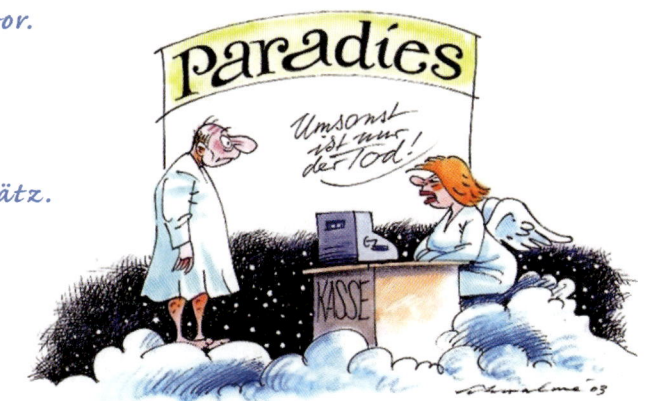

AUS DEM Matthäus-Evangelium

3:16 Kaum war Jesus getauft und aus dem Wasser gestiegen, da öffnete sich der Himmel, und er sah den Geist Gottes wie eine Taube auf sich herabkommen.
3:17 Und eine Stimme aus dem Himmel sprach: Das ist mein geliebter Sohn, an dem ich Gefallen gefunden habe.
5:34 Ich aber sage euch: Schwört überhaupt nicht, weder beim Himmel, denn er ist Gottes Thron, noch bei der Erde, denn sie ist der Schemel für seine Füße.
6:19 Sammelt euch nicht Schätze hier auf der Erde, wo Motte und Wurm sie zerstören und wo Diebe einbrechen und sie stehlen,
6:20 sondern sammelt euch Schätze im Himmel, wo weder Motte noch Wurm sie zerstören und keine Diebe einbrechen und sie stehlen.
19:21 Wenn du vollkommen sein willst, geh, verkauf deinen Besitz und gib das Geld den Armen; so wirst du einen bleibenden Schatz im Himmel haben; dann komm und folge mir nach.
19:23 Amen, das sage ich euch: Ein Reicher wird nur schwer in das Himmelreich kommen.
19:24 Nochmals sage ich euch: Eher geht ein Kamel durch ein Nadelöhr, als dass ein Reicher in das Reich Gottes gelangt.

AUS DEM Markus-Evangelium

16:19 Nachdem Jesus, der Herr, dies zu ihnen gesagt hatte, wurde er in den Himmel aufgenommen und setzte sich zur Rechten Gottes.

- Welche unterschiedlichen Vorstellungen von Himmel spiegeln sich in den Bibelstellen wider?
- Finden Sie Redewendungen, in denen die Begriffe „Himmel" oder „himmlisch" vorkommen.
- Suchen Sie nach Werbung, die mit „himmlischen" Bildern arbeitet.
- Diskutieren Sie die Schüleraussagen.

Im Be-Reich Gottes

Orientierungswissen 5: **Im Be-Reich Gottes – Suche nach Glück und Heil**

→

ORIENTIERUNG FÜR MEIN LEBEN

Oftmals erscheint uns die Rede davon, dass Gott uns nahe ist, nur wie leeres Gerede. In Erfahrungen von Arbeitslosigkeit, Krieg und dem Erleben eigener Krisen scheint Gott weit weg zu sein. Dennoch erfahren wir immer wieder auch die Nähe, die Begleitung und die Solidarität anderer Menschen, die sich für uns und andere einsetzen, obwohl sie selbst nichts davon haben. In all diesen Erfahrungen wird deutlich: Wir Menschen haben es in der Hand, diese Welt zu gestalten. Wir wissen: Unser Leben kann einen tieferen Sinn bekommen, wenn wir bereit sind, uns auf die Suche danach zu begeben.

→

ORIENTIERUNG FÜR MEIN HANDELN

Christen handeln aus der Erfahrung heraus, dass Gott aus dieser Welt eine „neue Erde" schaffen will. In Jesus Christus hat er gezeigt, dass er sich den Menschen und dieser Welt zuwendet. In Gottes Menschwerdung wird deutlich, dass wir Menschen zu etwas Großem bestimmt sind. Daraus schöpfen die Christen Mut und Orientierung für ihr Handeln und Leben.

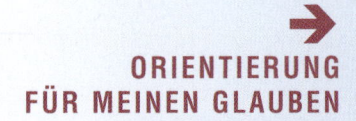

→

ORIENTIERUNG FÜR MEINEN GLAUBEN

Seit Jesus Christus als Mensch auf dieser Erde war, hat sie schon damit begonnen, zum Be-Reich Gottes zu werden. In seiner Zuwendung zu den Menschen, in seinen Heilungen und in seinem ganzen Leben und Sterben hat Jesus Christus gezeigt, wie wir Menschen miteinander leben können und sollen. Trotz der vielen Schwierigkeiten und Brüche, die wir erleben, können wir davon ausgehen, dass Gott diese Welt und uns liebt. Wir leben schon im Be-Reich Gottes – und wir sind dazu aufgerufen, unser Handeln nach dem Handeln Jesu auszurichten. Dann kann Gott irgendwann diese Welt umfassend in seinen Be-Reich verwandeln.

Das Buch der Bücher

TINA UND PAUL

PAUL: Die Bibel ist suuper!

TINA: Wie bitte?

PAUL: Suuper ... Ich habe im Internet recherchiert ... „Die härtesten Bibelstellen", echt suuper.

TINA: Was hast du recherchiert?

PAUL: Die blutigsten und grausigsten Bibelstellen. Das glaubst du nicht, da gibt es Brüder, die sich gegenseitig totschlagen ... Herrscher, die sich selbst aufschlitzen und die eigenen Eingeweide über die Feinde werfen, ... das ist voll Splatter.

TINA: Prima, das sind bestimmt die Stellen, die von Männern geschrieben wurden. Es soll aber auch Stellen geben, wo es ganz schön zur Sache geht ...

PAUL: Was meinst du?

TINA: So mit Sex und Erotik!

PAUL: Echt?

TINA UND PAUL: Wir sollten öfter in der Bibel lesen.

Projektidee
Sammeln Sie die beliebtesten Textstellen des Neuen Testaments und bebildern Sie diese. Planen Sie, wo Sie die Ergebnisse ausstellen können.

Bücher lesen

Lesen ist für den Geist, was Gymnastik für den Körper ist.
Joseph Addison

Lesen macht vielseitig, Verhandeln geistesgegenwärtig, Schreiben genau.
Francis Bacon

Was nützt es dem Menschen, wenn er Lesen und Schreiben gelernt hat, aber das Denken anderen überlässt?
Ernst R. Hauschka

Lesen ist das Glück meines Lebens.
Elke Heidenreich

Das Publikum ist so einfältig, lieber das Neue als das Gute zu lesen.
Arthur Schopenhauer

Ein Buch, das nicht wert ist, zweimal gelesen zu werden, ist auch nicht wert, dass man es einmal liest.
Karl Julius Weber

Kein Buch ist es wert, von Kindern gelesen zu werden, wenn es nicht auch von Erwachsenen gelesen werden kann.
C. S. Lewis

AUS DEM BUCH JOSUA
8:34 Danach verlas Josua das Gesetz im vollen Wortlaut, Segen und Fluch, genau so, wie es im Buch des Gesetzes aufgezeichnet ist.

AUS DEM ERSTEN BUCH SAMUEL
10:25 Samuel machte dem Volk das Königsrecht bekannt, schrieb es in ein Buch und legte das Buch vor dem Herrn nieder. Dann entließ Samuel das ganze Volk, jeden in sein Haus.

- Stellen Sie kurz den Inhalt Ihres zuletzt gelesenen Buches vor.
- Wie müsste ein Buch sein, das der Bildergeschichte gerecht wird?
- Veranstalten Sie eine Pro-und-Kontra-Debatte zur These: Lesen wird im Computerzeitalter unwichtig.
- Erfinden Sie Sprüche zur Bibel.
- Nennen Sie Bücher im Kontext der Bibel.

TIPP
Lesen Sie ein Buch mit religiösem Inhalt und stellen Sie den Klappentext im Unterricht vor.

Das Buch der Bücher

Die Bibel – mehr als ein Buch?

▶ Das Wort „*Bibel*" stammt vom griechischen *biblion*/βιβλίον, das „Papyrusrolle, Schriftrolle" bedeutet. Auf Papyrus hat man früher geschrieben, daher wird heute „biblion" mit „Buch" übersetzt.

Die Bibel zeigt die Erfahrung der Menschen mit Gott auf, sie ist die Urkunde der göttlichen Offenbarung und somit verbindlich für Lehre und Glauben der Christen. Die Bibel besteht aus dem Alten/Ersten Testament und aus dem Neuen Testament.

Das *Alte Testament* besteht aus 46 Schriften; 39 davon sind als die Hebräische Bibel auch die Heilige Schrift der Juden. Die unterschiedlichen Bücher wurden vom 5. bis zum 2. Jh. v. Chr. zusammengestellt; die Entstehung einzelner Schriften reicht jedoch in noch frühere Zeit zurück.

Das Alte Testament ist in drei Teile gegliedert: das Gesetz (Tora), die Propheten und die Schriften.

Das Alte Testament erzählt von den wichtigen Erlebnissen der Vorväter (Abraham, Jakob, Mose …) mit ihrem Gott. Auch die Befreiung aus der ägyptischen Sklaverei ist ein zentrales Thema.

Das *Neue Testament* ist größtenteils im 1. Jh. n. Chr. entstanden; ab dem 4. Jh. war es einheitlich in der noch jungen christlichen Kirche anerkannt. Es enthält 27 Bücher: Fünf geschichtliche Bücher (Evangelien und Apostelgeschichte), 21 briefliche Lehrschriften, davon 13 Paulusbriefe, und eine prophetische Schrift (Offenbarung des Johannes).

Die zentrale Figur im Neuen Testament ist Jesus Christus, der das Reich Gottes verkündet. Er stirbt den Tod am Kreuz, wird aber von den Toten auferweckt und ist somit Hoffnung für alle Christen.

In solchen Höhlen, im trockenen Wüstenklima, konnten die Papyrusrollen in Tonkrügen die Jahrhunderte überstehen.

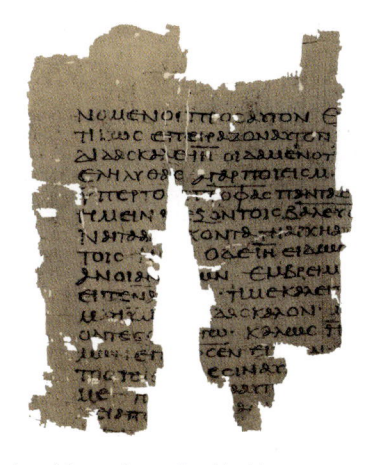

> Welche Armee ist heilig?
> Du glaubst nicht besser als ich.
> Die Bibel ist nicht zum Einigeln,
> Die Erde ist unsere Pflicht!
> Sie ist freundlich, freundlich, wir eher nicht.
>
> Herbert Grönemeyer, Stück vom Himmel

Bertolt Brecht, nach seinem Lieblingsbuch gefragt, antwortete:
„**Sie werden lachen – die Bibel.**"

Im Jahr 1947 entdeckten Beduinen in der Nähe von Qumran, einer Ruinenstätte im Westjordanland am Toten Meer, Schriftrollen. Sie wurden in elf Höhlen direkt an der Küste des Toten Meeres gefunden. Die Handschriften entstanden zwischen dem 3. Jh. v. Chr. und dem 1. Jh. n. Chr. Dem Inhalt nach handelt es sich bei den Funden um biblische und nichtbiblische Texte. Es wurden Tora-Rollen gefunden, wie sie auch heute noch im Synagogengottesdienst verwendet werden. Mit Ausnahme der Bücher von Ester und Nehemia wurden Bruchstücke aller biblischen Texte gefunden, die heute Teil des Alten Testaments sind. An nichtbiblischen Texten wurde neben Kommentaren zu biblischen Texten eine ganze Reihe von Texten aus dem Alltagsleben der jüdischen Gemeinschaft in Qumran gefunden.

In solchem oder noch schlechterem Zustand liegen Forschern häufig alte Papyrusrollen vor, deren Alter und Inhalt sie mithilfe wissenschaftlicher Methoden recherchieren.

■ Beschreiben Sie, was die Bibel für ein Buch ist.
■ Nennen Sie schlagwortartig Themen, die Sie aus der Bibel kennen.

TIPP
Nehmen Sie eine Bibel und blättern Sie nach dem Zufallsprinzip. Nennen Sie das Buch und das Kapitel.

Das Buch der Bücher

Das Alte Testament

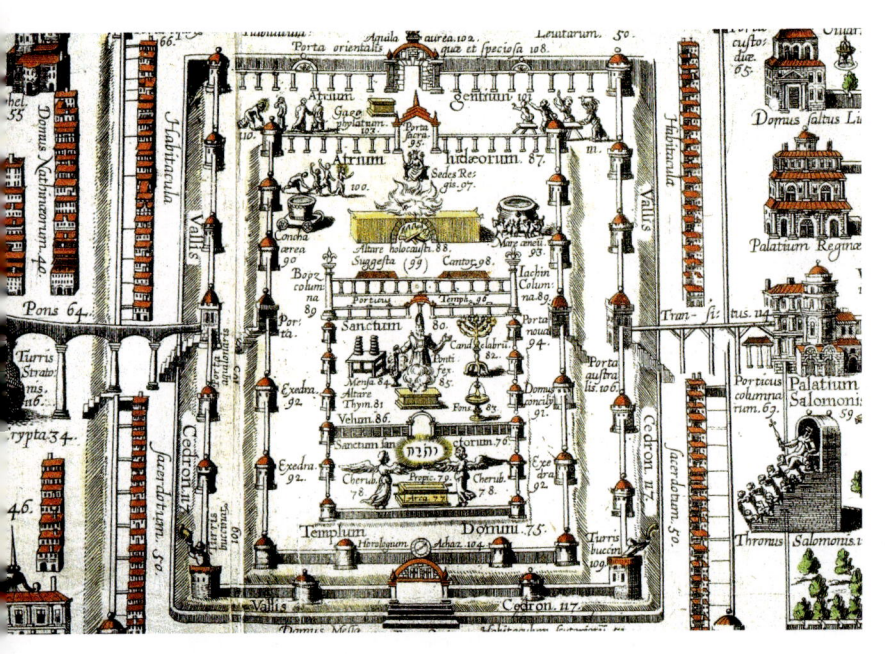

Christian van Adrichom (1533-1585),
Der Tempel des Königs Salomo, Köln 1584,
Detail

▶ Etwa 2000 v. Chr. wandern verschiedene Nomadenstämme von Mesopotamien nach Kanaan. Man muss sich vorstellen, wie daraus im Laufe der Zeit eine größere Gemeinschaft zusammenwächst; später ist vom Volk Israel die Rede. Im Alten Testament (AT) ist überliefert, wie dieses Volk seine Erfahrungen mit Gott deutete. Das AT erzählt, dass Gott die gute Welt erschaffen hat und sein Volk durch die Geschichte begleitet. Es enthält Vorschriften, die das Zusammenleben des Volkes regeln. Abraham wird von Gott zum Stammvater Israels berufen. Seine Nachfahren, die Familie Jakobs, wandern wegen einer Hungersnot ca. 1700 v. Chr. nach Ägypten aus, wo sie aber unterdrückt werden. Um 1300 v. Chr. führt Mose die Israeliten aus Ägypten in das verheißene Land. Am Berg Sinai schließt Gott mit den Menschen einen Bund – Israel ist das auserwählte Volk.

Um 1000 v. Chr. erlebt das Volk Israel mit seinem Zentrum Jerusalem unter König Salomo seine Blütezeit. Danach zerfällt das Land in das Südreich Juda und das Nordreich Israel. Beide Reiche werden jedoch zerstört. Der babylonische König Nebukadnezzar vernichtet 586 v. Chr. Jerusalem. Ein großer Teil des Volkes Israel wird ins Exil nach Babylonien geführt. Dort wird – auch ohne Tempel – in Gemeinden der Glaube an den einen Gott weitergegeben.

50 Jahre später kehren die Israeliten in ihre Heimat zurück und errichten einen neuen Tempel. Eine staatliche Selbstständigkeit wird ihnen aber nicht gestattet. Ab 400 v. Chr. verbreitet sich das Judentum immer weiter. Das Land Palästina wird nach dem Ende der ägyptischen Herrschaft 63 v. Chr. zur römischen Provinz. Ungefähr 60 Jahre später wird Jesus hier geboren.

WIE ZUVERLÄSSIG IST DIE BIBEL?

Wenn wir die 5000 bis 6000 Handschriften des Bibeltextes vergleichen, stellen wir Folgendes fest: 85 % des überlieferten Textes unterliegen keiner Schwankung. Beim Rest von 15 % sind es weit überwiegend Fragen des Stils. Nur 2 % des Textes betreffen überhaupt die Frage nach dem Sinn. Und den Sinn von wichtigeren Aussagen lassen nur 0,1 % des Textes schwankend erscheinen, das ist ein Tausendstel – nach einem Abstand von rund 2000 Jahren! Die Frage, wie zuverlässig der Bibeltext ist, kann man nur so beantworten:
Er ist so sicher wie bei keinem anderen Buch, das uns aus Altertum und Spätantike mit einer handschriftlichen Überlieferung erhalten ist.

Gerhard Maier

■ Recherchieren Sie in Lexika und beschreiben Sie, was das AT für ein Buch ist.

Das Neue Testament

▶ Das *Neue Testament* ist das wichtigste Schriftwerk für die Christen. Jesus selbst hat keine Schriften hinterlassen; sondern Augen- und Ohrenzeugen berichten vom Leben Jesu kurz vor seinem Tod, vor allem aber von seinen Worten und außergewöhnlichen Taten. Die Schrift berichtet, dass er von Gott als dessen Sohn geschickt wird, um das Reich Gottes zu verkünden. Jesus als Prediger der Nächstenliebe stirbt am Kreuz, wird aber von den Toten auferweckt. Für Christen ist das die Gewissheit, dass mit dem Tod nicht alles zu Ende ist, sondern das Leben mit Gott beginnt. Das Neue Testament beginnt mit den *vier Evangelien*, die das Leben Jesu für unterschiedliche Adressaten darstellen. Die Verfasser sind Matthäus (Mt), Markus (Mk), Lukas (Lk), und Johannes (Joh). Die Schriften entstanden mehrere Jahrzehnte nach dem Tod Jesu. Auch die Apostelgeschichte, in der die Entwicklung der jungen christlichen Kirche beschrieben wird, entstand erst später. Viele der Bücher sind *Briefe*, die für unterschiedliche Gemeinden verfasst wurden. Vor allem Paulus hinterließ als zentrale Persönlichkeit des jungen Christentums Briefe, die sich im Neuen Testament wieder finden. Die *Offenbarung des Johannes* mit der Vision vom Reich Gottes gibt den Christen am Ende des ersten Jahrhunderts die Kraft, die Verfolgung durch die Staatsmacht Rom zu überstehen.

Paulus schreibt einen Brief, Relief von einem Elfenbeinkästchen, um 420

AUS DEM Matthäus-Evangelium

5:1 Als Jesus die vielen Menschen sah, stieg er auf einen Berg. Er setzte sich, und seine Jünger traten zu ihm.
5:2 Dann begann er zu reden und lehrte sie.
5:38 Ihr habt gehört, dass gesagt worden ist: Auge für Auge und Zahn für Zahn.
5:39 Ich aber sage euch: Leistet dem, der euch etwas Böses antut, keinen Widerstand, sondern wenn dich einer auf die rechte Wange schlägt, dann halt ihm auch die andere hin.

AUS DEM Markus-Evangelium

4:30 Er sagte: Womit sollen wir das Reich Gottes vergleichen, mit welchem Gleichnis sollen wir es beschreiben?
4:31 Es gleicht einem Senfkorn. Dieses ist das kleinste von allen Samenkörnern, die man in die Erde sät.
4:32 Ist es aber gesät, dann geht es auf und wird größer als alle anderen Gewächse und treibt große Zweige, sodass in seinem Schatten die Vögel des Himmels nisten können.

AUS DEM Johannes-Evangelium

21:13 Jesus trat heran, nahm das Brot und gab es ihnen, ebenso den Fisch.
21:14 Dies war schon das dritte Mal, dass Jesus sich den Jüngern offenbarte, seit er von den Toten auferstanden war.

■ Blättern Sie im NT, finden Sie Ihre Lieblingsstelle und erzählen Sie diese nach.

TIPP
Besuchen Sie einen Gottesdienst. Wann und wie werden biblische Texte eingesetzt?

Das Buch der Bücher

Bibel missverstehen – Bibel verstehen

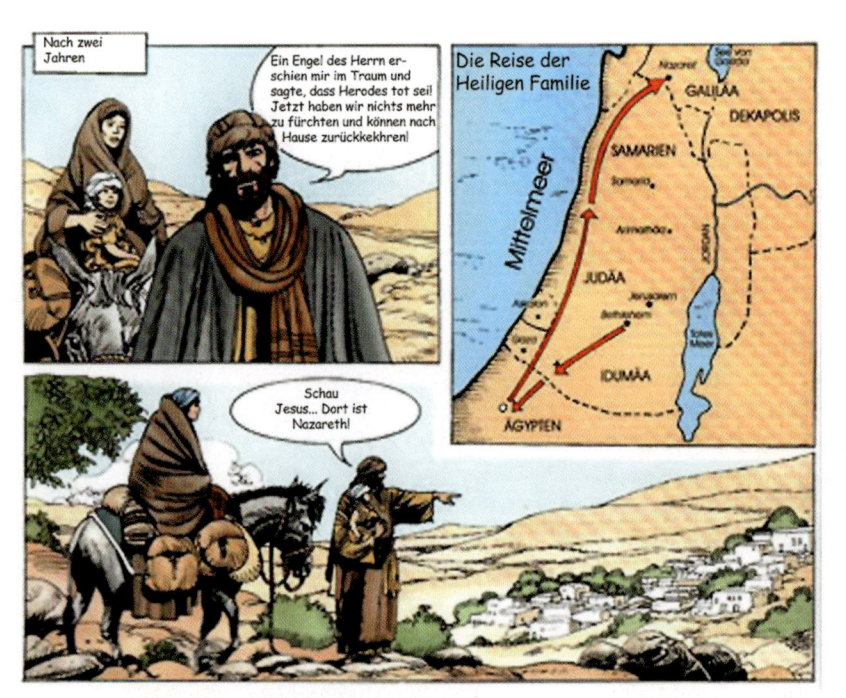

Das Neue Testament in einer Comic-Version soll vor allem Jugendliche ansprechen und ihnen eine vorurteilsfreie Annäherung an biblische Themen ermöglichen.

DIE BIBEL WÖRTLICH VERSTEHEN?

Es gibt Strömungen innerhalb des Christentums, die davon überzeugt sind, dass das, was in der Bibel aufgeschrieben wurde, tatsächlich so geschah und wortwörtlich zu verstehen ist.

Auch Kreationisten glauben, dass die Schöpfungserzählungen im Buch Genesis (bei Christen und Juden) und im Koran (bei Muslimen) die Ereignisse beschreiben, die so tatsächlich stattgefunden haben. Gott hat demnach für die Erschaffung der Welt sechs Tage gebraucht; Adam und Eva waren als Ergebnis der Arbeit Gottes die ersten Menschen, die dann von einer Schlange verführt wurden etc. Die Bibel ist für sie ein Buch, das faktisch wiedergibt, wie Gott die Erde gemacht hat. Daher glauben Kreationisten an eine junge Welt, die nicht durch Evolution, sondern in sieben Tagen entstanden ist.

Der Kreationismus steht deshalb mit der Theorie der Evolution in Konflikt. Die christlichen Kirchen lehren, dass Gott den Kosmos erschaffen hat. Viele, einschließlich der römisch-katholischen Kirche und der anglikanischen und evangelischen Konfessionen, betonen, dass die Entstehung der Erde am besten über die Forschungen der Naturwissenschaften zu verstehen ist. Sie lehnen den Kreationismus ab.

▶ **Die Bibel verstehen**
Die meisten Christen glauben, da die Bibel aus verschiedenen Büchern von unterschiedlichen Autoren besteht, dass sie auch unterschiedliche „Wahrheiten" enthält: Man kann in der Gesamtheit der Schrift detaillierte geschichtliche Ereignisse, Lebensweisheiten, Lieder, Mythen und Erzählungen jeglicher Art finden. Als besondere Textsorte findet man Gleichnisse, die in bildhafter Sprache wichtige Glaubensinhalte anschaulich ausdrücken.

Auch die Zeugen Jehovas verstehen die Bibel wörtlich, sie lehnen daher eine Bluttransfusion ab.

- Suchen Sie Motive, warum Menschen die Bibel wörtlich verstehen wollen.
- Beschreiben Sie Ihr Verständnis der Bibel.
- Wie sollte eine jugendgerechte Bibel aussehen? Gestalten Sie in Gruppenarbeit ein Kapitel.

KEINE BLUTTRANSFUSION

Als gottesfürchtiger Christ, der an Jehova Gott und an sein Wort, die Bibel, glaubt, verlange ich hiermit, dass meinem Körper auf keinen Fall Blut in irgendeiner Weise oder in irgendeiner Form zugeführt wird. „Ihr sollt nicht das Blut von irgendeiner Art Fleisch essen" (Levitikus 17:14). Lesen Sie bitte in der Bibel folgende Texte nach: Genesis 9:4; Levitikus 17:11-12; Deuteronomium 12:23; Apostelgeschichte 15:20.28.29; 21:25. Andere Mittel, die kein Blut enthalten, können jedoch, wenn nötig, angewandt werden.

Unterschrift

Der Tanach – die Schriften des Judentums

▶ *Der Tanach*, die heiligen Schriften des Judentums, wurde 95 n. Chr. zusammengestellt. Der Tanach besteht aus drei Teilen:
Die Tora (Gesetz, Lehre) ist der wichtigste Teil und besteht ihrerseits aus den fünf Büchern Mose: Genesis, Exodus, Levitikus, Numeri und Deuteronomium. Am Berg Sinai empfing Mose von Gott diese Bücher der Weisungen. Die bekanntesten Gesetze sind die Zehn Gebote, die nicht nur für die Juden, sondern auch für Christen verpflichtend sind.

Die Tora für den Gebrauch in der Synagoge darf nur von Spezialisten angefertigt werden. Sie wird von Hand und fehlerfrei auf Pergament (Tierhäute) geschrieben und dann auf Rollen an Holzstäben gewickelt. In der Synagoge wird sie im Tora-Schrein aufbewahrt.

Die Propheten-Bücher bestehen aus zwei Teilen:
Bücher, die von der Geschichte des Judentums erzählen, und Bücher, die Prophezeiungen enthalten, zum Beispiel die Vorhersagen von Jesaja, Jeremia und Ezechiel.

Die Schriften haben im Judentum nicht die Bedeutung wie die Tora oder die Propheten. Sie sind vor allem, wie die Psalmen, für den gottesdienstlichen Gebrauch vorgesehen.

Der Talmud (hebräisch: Belehrung, Studium) ist nach dem Tanach das bedeutendste Schriftwerk des Judentums. In ihm finden sich Lehrschriften von Rabbinern, die sich auf die Tora beziehen. Inhaltlicher Schwerpunkt des Talmuds ist die Diskussion und Deutung von Grundsätzen für ein der Tora entsprechendes Leben.

Lesung der Tora mit dem Zeigestab

Ein Jugendlicher liest bei seiner Bar-Mizwa-Feier aus der Tora. Nun ist er als „Sohn des Gebotes" religionsmündig.

■ Finden Sie im Alten Testament die Zehn Gebote und diskutieren Sie deren Bedeutung.

TIPP
Laden Sie einen Rabbi in den Unterricht ein. Sammeln und notieren Sie zuvor, was Sie ihn fragen wollen.

Das Buch der Bücher

Der Koran – die Schrift der Muslime

▶ *Der Koran* ist das heilige Buch des Islams. Das arabische Wort bedeutet „Lesung", „Vortrag". Nach dem Glauben der Muslime ist der Koran die wörtliche Offenbarung Allahs an Muhammad in arabischer Sprache. 610 n. Chr. hat Muhammad im Alter von 40 Jahren die erste Offenbarung durch den Erzengel Gabriel empfangen, in weiteren 22 Jahren folgte der gesamte Inhalt der Offenbarung, der von Schreibern festgehalten wurde.

Der Koran besteht aus 114 Suren (Abschnitten), die nicht inhaltlich, sondern der Länge nach geordnet sind.

Muslime sehen im Koran das wahre Wort Allahs; es darf folglich nicht infrage gestellt werden. Es enthält Regeln für alle Lebensbereiche, die zu befolgen sind. Das Lesen des Korans gilt als fromme Tat und Gottesdienst. Der Koran wird schon kleinen Kindern im arabischen Original beigebracht.

Die bekannteste Sure ist die Eröffnungs-Sure al-Fatiha, die als erste Sure des Korans fester Bestandteil der regelmäßigen Gebete ist.

ERSTE SURE

Die Öffnende[1]
Geoffenbart zu Mekka

1 (0) *Im Namen Allahs, des Erbarmers, des Barmherzigen!*
2 (1) *Lob sei Allah, dem Weltenherrn,*
3 (2) *Dem Erbarmer, dem Barmherzigen,*
4 (3) *Dem König am Tag des Gerichts!*
5 (4) *Dir dienen wir und zu Dir rufen um Hilfe wir;*
6 (5) *Leite uns den rechten Pfad,*
7 (6) *Den Pfad derer, denen Du gnädig bist,*
(7) *Nicht derer, denen Du zürnst, und nicht der Irrenden.*

Im Jahre 1955 fragten einige Studenten der Islamisch-Theologischen Fakultät in Ankara ihren Lehrer in der Koranlesekunst, einen gebildeten höheren Staatsbeamten, nach einer feinen Aussprachveränderung in der Rezitation des Korans, indem sie behaupteten, seine Aussprache sei nicht der arabischen Grammatik entsprechend.

„Aber der Koran ist doch nicht Arabisch!", rief er entsetzt, „er ist doch Gottes Wort! Wie könnt ihr ihn an der arabischen Grammatik messen wollen?"

Die Szene zeigt, wie der Glaube an die übernatürliche Herkunft des Korans und an seine absolute Gültigkeit bis heute für viele Muslime selbstverständlich ist. Unverfälscht ist nur das geoffenbarte arabische Original; es wird auswendig rezitiert und kunstvoll kalligrafiert.

Jede Sure wird mit der Zeit ihrer Offenbarung – in Mekka oder Medina – angegeben; dadurch wissen Muslime um die damalige historische Situation.

■ Befragen Sie muslimische Mitschülerinnen und Mitschüler, warum sie an Gott glauben.
■ Beschreiben Sie die Bedeutung des Korans für Muslime.

TIPP
Laden Sie einen Imam in den Unterricht ein.

Orientierungswissen 6: Das Buch der Bücher

Ob bewusst oder unbewusst: Die biblische Botschaft prägt unsere Gesellschaft und damit auch unser Leben. Viele Regeln unseres Zusammenlebens und viele Überzeugungen unserer Kultur entstammen der jüdisch-christlichen Tradition. Seien dies die Weisungen der Zehn Gebote, die Aufforderungen Jesu, Menschen in allen Lebenslagen zu achten und anzunehmen, oder seien es die Ideale der Bergpredigt. Auch wenn uns die biblische Botschaft oft als Idealforderung erscheint, die im alltäglichen Leben nicht zu erfüllen ist, so leitet diese Botschaft unser Handeln doch in eine Richtung und gibt ihm einen Sinn und ein Ziel.

← **ORIENTIERUNG FÜR MEIN LEBEN**

Wenn Menschen ihr Handeln an der biblischen Botschaft ausrichten, dann steht für sie vor allem das Handeln Jesu im Vordergrund. Seine Botschaft vom Reich Gottes ist der Kern der „Guten Nachricht". Die Bibel ist kein „Rezeptbuch", und die Handlungen Jesu sind nicht einfach zum Kopieren gedacht. Was die Botschaft Jesu im Kern sagen will, ist, dass wir in unserem Handeln die Gegenwart Gottes für andere spürbar werden lassen können, wenn wir uns auf seine Zusagen einlassen.

← **ORIENTIERUNG FÜR MEIN HANDELN**

Für Christinnen und Christen ist die Bibel von zentraler Bedeutung: Sie ist „Gotteswort in Menschenwort" (G. Lohfink). In der jüdisch-christlichen Tradition ist dabei immer schon klar, dass die Bibel gedeutet und interpretiert werden kann, ja muss. Sie ist von Menschen geschrieben und steht damit auch in einem bestimmten zeitlichen Zusammenhang. In ihr deuten Menschen ihr Leben als von Gott begleitet. Auch wir können heute fragen, was biblische Erzählungen und Berichte für unser Leben bedeuten.

← **ORIENTIERUNG FÜR MEINEN GLAUBEN**

Christen mischen sich ein

TINA UND PAUL

TINA: *Hast du den Obdachlosen gesehen? Der erfriert ja, wenn es nachts kälter wird.*

PAUL: *Nachts kommen die schon irgendwie unter ... bei der Heilsarmee oder Caritas. Aber die müssen doch auch was Warmes essen.*

TINA: *Da gibt es doch die Suppenküchen ...*

PAUL: *Ohne diese Hilfen hätten die keine Chance zu überleben. Da tun die von den Kirchen ja mehr als der Staat.*

TINA: *Wenn du mal durch das soziale Netz durchgerutscht bist, kannst du nur noch hoffen, dass dir jemand hilft.*

PAUL: *Bei meiner Oma kommt auch jemand von der Caritas vorbei. Ohne die Hilfe wäre sie aufgeschmissen. Die ist schon dement.*

TINA: *Dann könnten sie dir bestimmt auch helfen!*

PAUL: *Haha, aber dir ... nämlich einen Job zu finden, so was machen die auch.*

Projektidee
Gründen Sie in kooperativer Zusammenarbeit mit anderen Unterrichtsfächern ein Unternehmen „Kleine Hilfen". Bieten Sie für Menschen in Ihrer Umgebung organisierte Hilfe an (einkaufen, Schnee schippen, Hunde ausführen, Nachbarschaftshilfe ...).

Workless wertlos

Arbeit ist nicht alles. Doch sie ist ein wesentlicher Angelpunkt unserer Existenz. Wir erwarten uns von entlohnter Arbeit nicht nur ein ausreichendes Einkommen, sondern auch soziale Kontakte mit KollegInnen, die Aneignung und das Einbringen von Fähigkeiten, die Strukturierung der Zeit und die Etablierung einer sozial anerkannten beruflichen Identität. Kurzum: Mit der Erwerbsarbeit sind Möglichkeiten der gesellschaftlichen Teilhabe und der Erfahrung der eigenen sozialen Bedeutung verbunden. Diese soziale Schlüsselstellung der Erwerbsarbeit führt zugleich vor Augen, was Arbeitslosigkeit für eine erwerbsarbeitszentrierte Gesellschaft bedeutet. Das Dilemma zwischen der hohen Bedeutung von Erwerbsarbeit einerseits und dem Ausschluss von dieser Quelle guten Lebens andererseits stellt einen moralischen Skandal dar. Damit ist Arbeitslosigkeit zugleich eine dringliche Anfrage an Theologie, Kirche und Pastoral. Arbeitslosigkeit ist nicht nur eine materielle Belastung. Die Betroffenen artikulieren auch ein Leiden unter den Vorurteilen, die ihnen in der Gesellschaft begegnen. In einer Umfrage unter Arbeitslosen in Oberösterreich gab fast jeder dritte Befragte an, dass Vorurteile von anderen zu den „schlimmsten Auswirkungen der Erwerbslosigkeit" zählen. Oft ziehen sich arbeitslose Menschen daher verschämt zurück und versuchen ihren Status zu kaschieren.

Die allseits gültige Devise „Jeder ist seines Glückes Schmied" wird auch im Umkehrschluss angewandt: „Wer kein Glück hat, ist selber schuld." Denn, so die Konkretisierung für Arbeitslose: „Wer Arbeit will, findet auch welche." Solche Schuldzuschreibungen für Arbeitslosigkeit an die Adresse Betroffener sind analytisch falsch und moralisch inakzeptabel. Angesichts dieser Diskriminierung ist auch eine christliche Theologie auf den Plan gerufen, der es um eine Solidarität besonders mit den Armen und Bedrängten aller Art geht. Vor diesem Hintergrund verbietet es sich theologisch, die Opfer von Arbeitslosigkeit zu „Sündenböcken" für diesen gesellschaftspolitischen Skandal zu machen.

Arbeitslosigkeit stellt dann eine besondere Irritation dar, wenn sie mit einer florierenden Wirtschaft einhergeht. Gerade Massenkündigungen angesichts von hohen Unternehmensgewinnen führen dazu, dass öffentlich die Verantwortung der Wirtschaft für den Erhalt von Arbeitsplätzen und eine humanere Gestaltung der Ökonomie gefordert wird. Ein Ort dafür sind wirtschaftspolitische Maßnahmen. Die vier traditionellen Kardinaltugenden der Maßhaltung, der Gerechtigkeit, der Klugheit und der Tapferkeit können helfen, die Wirtschaft auch nachhaltig zu verändern. Aufgrund der Not von arbeitslosen Menschen und aufgrund des Anspruchs des Evangeliums, sich auf den Weg der „Reich-Gottes-Werdung" zu begeben, ist die Kirche gefordert zu handeln.

Nach Edeltraud Koller/Ansgar Kreutzer/Bernhard Vondrasek

- Benennen und diskutieren Sie die Argumente des Textes.
- Erstellen Sie ein Programm gegen Arbeitslosigkeit unter Zuhilfenahme der vier Kardinaltugenden.
- Laden Sie einen Kommunalpolitiker in den Unterricht ein!
- Zeichnen Sie eine Karikatur zum Thema Arbeitslosigkeit.

Leistung und Lohn

DER GERECHTE LOHN?

Der Besitzer des Weinberges verließ schon früh sein Anwesen, um Arbeiter für seinen Weinberg anzuwerben.

Auf dem Markt standen viele herum, die Arbeit suchten. Er einigte sich mit den Arbeitern auf 50 Euro für den Tag und schickte sie in seinen Weinberg.

Einige Stunden später ging er wieder auf den Markt und sah Leute dastehen, die noch keine Arbeit bekommen hatten.

Er sagte zu ihnen: „Geht auch ihr in meinen Weinberg! Ihr bekommt eine gerechte Bezahlung!"

Sofort gingen sie zur Arbeit. Zur Mittagszeit und einige Stunden danach ging der Herr immer wieder zum Markt und holte Arbeiter. Als er kurz vor Feierabend noch einmal hinging, traf er dort immer noch einige.

Er sagte zu ihnen: „Was steht ihr hier die ganze Zeit untätig herum?"

Sie antworteten: „Niemand hat uns angeworben."

Da sagte er zu ihnen: „Geht auch ihr in meinen Weinberg und arbeitet!"

Am Abend sagte der Besitzer des Weinbergs zu seinem Verwalter:

„Ruf die Arbeiter, und zahl ihnen den Lohn aus, angefangen bei den letzten, bis hin zu den ersten."

Da kamen die Männer, die er kurz vor Feierabend angeworben hatte, und jeder erhielt 50 Euro.

Als dann die an der Reihe waren, die am längsten gearbeitet hatten, glaubten sie, mehr zu bekommen. Aber auch sie erhielten 50 Euro. Da begannen sie, über den Gutsherrn zu schimpfen, und sagten: „Diese Letzten haben nur eine Stunde gearbeitet, und du hast sie uns gleichgestellt; wir aber haben den ganzen Tag über die Last der Arbeit und die Hitze ertragen."

Da erwiderte er einem von ihnen: „Mein Freund, dir geschieht kein Unrecht.

Hast du nicht 50 Euro mit mir vereinbart? Nimm dein Geld und geh! Ich will dem Letzten ebenso viel geben wie dir. Darf ich mit dem, was mir gehört, nicht tun, was ich will? Oder bist du neidisch, weil ich zu den anderen gütig bin?

So werden die Letzten die Ersten sein und die Ersten die Letzten."

- Diskutieren Sie, was Sie von dem Text halten, aus Arbeiter- und aus Arbeitgeber-Sicht.
- Recherchieren Sie den Originaltext.
- Stellen Sie den Text Arbeitern aus unterschiedlichsten Berufen vor, notieren Sie deren Reaktionen.
- Deuten Sie die Karikatur.

TIPP
Laden Sie Arbeitnehmer- und Arbeitgebervertreter aus Ihren Betrieben zu einer Diskussion zum Thema „Gerechter Lohn" ein.

Martins Mantel

Seinen Respekt und seine Anerkennung hat Bischof Gebhard Fürst arbeitslosen Menschen gezollt. Viele von ihnen brächten im Ringen um Teilhabe an der Gesellschaft enorme Kraft auf, sagte der Bischof der Diözese Rottenburg-Stuttgart am Donnerstag in Aalen beim Besuch der dortigen katholischen Betriebsseelsorge. Er verbrachte in der Ostalb-Metropole einen ganzen Tag mit Arbeitslosen. Viele von Arbeitslosigkeit betroffene Menschen seien psychisch oder physisch geschwächt, betonte Bischof Fürst. Sie verdienten es, gestärkt und in ihrer Würde als Mitmenschen voll anerkannt zu werden. Die Kirche habe einen besonderen Auftrag, unter hohen Belastungen leidende und auf dem konventionellen Arbeitsmarkt nicht vermittelbare Menschen zu beachten und zu achten. Die bischöfliche Aktion Martinusmantel bezuschusst mit knapp 500.000 Euro jährlich Maßnahmen und Projekte, in denen Menschen professionelle Hilfe bei der Bewältigung vielschichtiger persönlicher und sozialer Probleme erhalten, um wieder eine Erwerbstätigkeit zu finden. Viele der durch die Aktion geförderten Maßnahmen befinden sich in Trägerschaft des Caritas-Verbandes. Aber auch Kirchengemeinden und andere katholische Verbände und Stiftungen unterstützen Qualifizierungsprojekte, in denen Jugendliche ohne Ausbildung und langzeitarbeitslose Menschen betreut, beraten, geschult und beschäftigt werden.

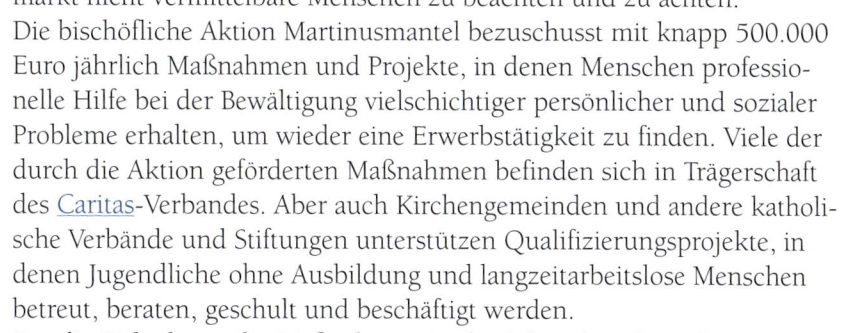

Für die Teilnehmer der Maßnahmen ist die Arbeitslosigkeit oft nur eine von vielen Notlagen. Fehlender Schulabschluss, Sprachschwierigkeiten, familiäre Probleme, Schulden und Straffälligkeit bedingen sich oft gegenseitig und verstärken das Arbeitsplatzproblem. Auch gesundheitliche Beeinträchtigungen und Behinderungen oder das Lebensalter erschweren die Arbeitsplatzsuche. Die Arbeitsverwaltungen und Sozialämter überweisen diese „Betreuungskunden", wie der Fachjargon dafür lautet, in die Projekte der Wohlfahrtsorganisationen und kirchlichen Initiativen. Arbeitslose können aber nur dort Beschäftigung finden, wo es auch Arbeit gibt. Daher bauen Diözese und Diözesancaritasverband unter dem Stichwort „Koka" (Kooperation für katholische Arbeitsintegrationsangebote von Kirche und Caritas) Netzwerke auf, durch die in den eigenen Einrichtungen und Sozialunternehmen zusätzliche Beschäftigungsmöglichkeiten für Arbeitslose erschlossen werden sollen. Arbeitslose und Niedrigqualifizierte müssen nach diesem Modell nicht in einer „Übungsfirma" trainieren, sondern sollen durch gezielte Betreuung ihre Fähigkeiten und Fertigkeiten in tatsächlich wirtschaftenden Betrieben, zum Beispiel in Gesundheits- und Pflegeeinrichtungen, einbringen können. Auf diese Weise nimmt die Kirche zusätzlich zu ihren Beschäftigungs- und Qualifizierungsprojekten eine besondere Verantwortung als Arbeitgeberin wahr.

- Erkundigen Sie sich, welche Initiativen gegen Arbeitslosigkeit in Ihrer Region Menschen ohne Arbeit unterstützen.
- Präsentieren Sie erfolgreiche Maßnahmen gegen Arbeitslosigkeit.

Kulturen kommunizieren

KATHOLIKEN UND MUSLIME BESCHLIESSEN IN ROM EINEN DAUERHAFTEN DIALOG, DER DIE BEIDEN RELIGIONEN EINANDER NÄHERBRINGEN SOLL

In Rom ist ein „Katholisch-Islamisches Forum" beschlossen worden, das sich bei Religionskonflikten einschalten kann. Vertreter der Kurie und der Muslime vereinbarten, sich künftig einmal im Jahr wechselweise in Rom und in einem muslimischen Land zu einer Konferenz zu treffen. Besonders bemerkenswert ist, dass bei dem Forum Vertreter der verschiedenen muslimischen Strömungen aus 43 Staaten mitmachen. „Bei der Initiative geht es darum, unsere grausame, zerstörte Welt zu heilen und uns gemeinsam für den Frieden einzusetzen", sagte Aref Ali Nayed, der Direktor des Instituts für islamische Strategiestudien in Amman. Der katholische Delegationsleiter, Kurienkardinal Jean-Louis Tauran, meinte: „Endlich atmen wir ein neues Klima. Man sieht, dass man gemeinsam etwas machen kann."

Für die Konferenz im Herbst wurde das Motto „Gottesliebe, Nächstenliebe" vereinbart. Ungewiss ist, inwieweit es bei dem Forum inhaltlich zu einer echten Auseinandersetzung zwischen den Religionen kommen wird. Der diplomatisch versierte Kardinal Tauran, der den „Päpstlichen Rat für den Interreligiösen Dialog" leitet, hatte sich im vergangenen Jahr sehr skeptisch darüber geäußert, ob eine theologische Diskussion mit dem Islam möglich sei. Der deutsche Kurienkardinal Walter Kasper warnte vor einem naiven Dialog: „Wir müssen in ein konstruktives und zugleich kritisches Gespräch eintreten, nicht in ein naives Gespräch, das nur vom gleichen Gott spricht."

Sehr wahrscheinlich wird die katholische Kirche bei dem Treffen das heikle Thema der Religionsfreiheit vorbringen. Der Vatikan möchte die in etlichen islamischen Ländern schikanierten und bedrohten Christen schützen. Ein Streitpunkt könnte zudem werden, dass Muslimen, die zum Christentum übertreten, in manchen Staaten die Todesstrafe droht. Allerdings gibt es auch Fortschritte, wie Andrea Pacini, ein Islam-Spezialist des Vatikans, jetzt betonte. So habe der Emir in Katar den Christen nicht nur erlaubt, Kirchen zu bauen, er habe ihnen sogar Grundstücke dafür geschenkt. Über die Religionsfreiheit hinaus dürfte es spannend werden, wie sich das Forum mit dem Thema Aufklärung und Menschenrechte auseinandersetzt. Benedikt XVI. hat den Islam bereits vor einiger Zeit aufgefordert, „die wahren Errungenschaften der Aufklärung anzunehmen" und sich „gegen Gewalt und für die Synergie von Glauben und Vernunft, Glauben und Freiheit" einzusetzen. Der Jordanier Nayed betonte jetzt in Rom, im Koran seien zwei Prinzipien verankert: „Gott zwingt nicht dazu, an eine Religion zu glauben, und es gibt die Wahlmöglichkeit, zu glauben oder nicht zu glauben."

Papst Benedikt XVI. im Jahr 2006 bei seinem Besuch der Blauen Moschee in Istanbul

AUS DEM BUCH EXODUS
23:9 Einen Fremden sollst du nicht ausbeuten. Ihr wisst doch, wie es einem Fremden zumute ist; denn ihr selbst seid in Ägypten Fremde gewesen.

- Beschreiben Sie multikulturelle Einflüsse in Ihrer Umgebung.
- Zeigen Sie auf, wie kulturelle Unterschiede positiv genutzt werden können, ohne den eigenen Standpunkt zu verlieren.

TIPP
Besuchen Sie das nächste „Muli-Kulti-Fest" in Ihrer Umgebung.

Christen mischen sich ein

Integration – Isolation

KIRCHEN GEHEN VORAN

Der neue Vorsitzende der Deutschen Bischofskonferenz Erzbischof Robert Zollitsch hat kurz nach seiner Wahl betont, Menschen, die in Deutschland leben wollten, müssten sich dort integrieren. Dies könne nicht durch Parallelgesellschaften geschehen. Deshalb sei Integration ein wichtiges Thema für die Kirchen.

Der Erzbischof erinnerte daran, dass in Deutschland viele türkische Kinder muslimischen Glaubens katholische Kindergärten besuchten. Die Kirche nehme sie gerne dort auf, weil sie darin einen Beitrag zur Integration sehe. Die katholische Kirche habe sich zudem immer für einen muslimischen Religionsunterricht an deutschen Schulen eingesetzt, allerdings in deutscher Sprache und mit Lehrern, die in Deutschland ausgebildet seien, betonte Zollitsch.

Zum Streit um neue Moscheebauten bemerkte der Erzbischof, Muslime hätten das Recht auf eigene Gotteshäuser. Das gleiche Recht fordere die Kirche auch für die Christen in der Türkei und anderen islamisch geprägten Ländern. Die Tatsache, dass dieses Recht dort verweigert werde, dürfe nicht im Umkehrschluss dazu führen, dass man jetzt in Deutschland genauso handle.

Eine andere Frage sei, ob die Bauten „in dieser Größe und mit so gewaltigen Minaretten" errichtet werden müssten, so Zollitsch. Eine Gruppe, die sich integrieren wolle, solle nicht provozieren, sondern zeigen, dass sie ihren Weg innerhalb der Gesellschaft gehen wolle. In seinem Erzbistum, nämlich in Mannheim, stehe die derzeit größte deutsche Moschee nahe einer katholischen Kirche, ohne dass dies zu Konflikten führe. Der Erzbischof kritisierte, dass Moscheebauten oft aus ausländischen Geldquellen finanziert würden. Zudem bedauerte er, dass Imame, die einen intensiven Dialog mit der christlichen Seite suchten, oft von der türkischen Entsendebehörde wieder zurückberufen würden. Er hingegen halte den Dialog für notwendig und hoffe auf Fortschritte.

AUS DEM BRIEF AN DIE GALATER

3:28 Es gibt nicht mehr Juden und Griechen, nicht Sklaven und Freie, nicht Mann und Frau; denn ihr alle seid „einer" in Jesus Christus.

AUS DEM BUCH LEVITIKUS

19:33 Wenn bei dir ein Fremder in eurem Land lebt, sollt ihr ihn nicht unterdrücken. **19:34** Der Fremde, der sich bei euch aufhält, soll euch wie ein Einheimischer gelten, und du sollst ihn lieben wie dich selbst; denn ihr seid selbst Fremde in Ägypten gewesen. Ich bin der Herr, euer Gott.

- Erarbeiten Sie in Kleingruppen: „So kann Integration gelingen".
- Werden Sie konkret: Was ist Ihr persönlicher Anteil, um Integration zu verbessern?

alt. arm. allein?

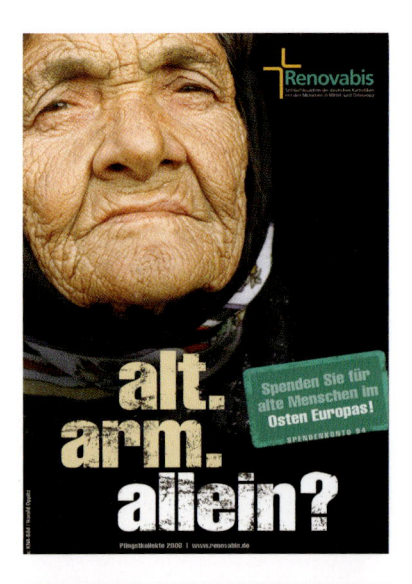

AUS DEM BUCH DER SPRICH-WÖRTER
23:22 Hör auf deinen Vater, der dich gezeugt hat, verachte deine Mutter nicht, wenn sie alt wird.

- Informieren Sie sich über die Arbeit von Renovabis.
- Beschreiben Sie, wie Sie sich beim Älterwerden verändern. Wie werden Sie mit 70 sein?
- Initiieren Sie ein Projekt „Nicht allein im Altenheim".

TIPP
Besuchen Sie ein Heim für alte Menschen.

Mit dem Leitwort „alt. arm. allein?" rückt die Solidaritätsaktion Renovabis die Situation der älteren Generation in den Ländern Mittel-, Ost- und Südosteuropas in den Mittelpunkt. Es sind die alten Menschen, die dort in großer Not leben und am wenigsten vom Umbruch profitieren konnten. Ihnen blieb kein Geld, um für ihr Alter vorzusorgen. Bis heute existiert vielerorts noch immer keine ausreichende soziale Abfederung. Selbst die Mindestrenten liegen in vielen Ländern Osteuropas unter dem Existenzminimum. Und häufig sind die alten Menschen nicht nur arm, sondern allein und isoliert. Vor allem in den ländlichen Regionen zieht es die jungen Leute in die Stadt. Ein großer Teil von ihnen verlässt die Heimat und hofft, im westlichen Ausland Arbeit zu finden. Zurück bleiben die alten Menschen, die zunehmend damit hadern, als Last empfunden zu werden. Dabei haben sie selbst ihr Leben lang schwer gearbeitet und ihren Beitrag für eine bessere Zukunft ihrer Kinder und Enkel geleistet. Renovabis stellt sich bewusst auf die Seite der alten Menschen, damit sie ein Leben in Würde führen können. Gemeinsam mit seinen Partnern vor Ort unterstützt Renovabis Maßnahmen des betreuten Wohnens und Projekte der häuslichen Krankenpflege, den Bau und Betrieb von Alten- und Pflegeheimen sowie von Sterbehospizen. Damit will Renovabis ihnen und allen benachteiligten Menschen im Osten Europas Hoffnung schenken, wie es im Untertitel zum Leitwort heißt.

Als „Solidaritätsaktion der deutschen Katholiken mit den Menschen in Mittel- und Osteuropa" wurde Renovabis im März 1993 von der Deutschen Bischofskonferenz ins Leben gerufen. Sie unterstützt ihre Partner bei der pastoralen, sozialen und gesellschaftlichen Erneuerung der ehemals kommunistischen Länder Mittel-, Ost- und Südosteuropas.

In den letzten 14 Jahren half Renovabis den Menschen in 28 Staaten in Mittel-, Ost- und Südosteuropa bei der Verwirklichung von über 14.000 Projekten. Allein für diese Hilfsprojekte brachten die Katholiken in Deutschland ein Gesamtvolumen von mehr als 400 Millionen Euro auf. Die Mittel fließen in kirchlich-pastorale, sozial-karitative sowie in Bildungs- und Medienprojekte. Dabei steht der Grundsatz „Hilfe zur Selbsthilfe" im Mittelpunkt. Konkret werden Mittel von Renovabis zum Beispiel eingesetzt: um – wo unbedingt notwendig – Kirchen und Gemeindezentren zu bauen, Familien-, Frauen- und Jugendzentren auszustatten, Heime für Waisen- und Straßenkinder zu unterhalten und Priester, Ordensleute und in der Seelsorge tätige Laien auszubilden. Ferner wird Geld für kirchliche Schulprogramme und Lehrerfortbildungen, für Studienbeihilfen und journalistische Nachwuchsförderung gewährt.

Benachteiligte beachten

▶ *Caritas – eine Anwältin für Benachteiligte*
Not sehen und handeln – dieser Anspruch bedeutet für die Caritas, auf offenkundige Not hinzuweisen, verborgene Not aufzudecken und Ursachen zu benennen. Sie entwickelt vorausschauend innovative Hilfskonzepte und neue Formen der sozialen Arbeit. Und sie bereitet fachliche, politische und finanzielle Lösungswege vor, um der Not nachhaltig entgegenzuwirken. Sie tritt ein als Anwalt derer, die ihre eigenen Interessen nicht effektiv vertreten können. Die Caritas hat dabei nicht nur die Verhältnisse in Deutschland und Europa im Blick, sie weist auch auf globale Ursachen und Wechselwirkungen sozialer Probleme hin. Nicht zuletzt organisiert sie mit ihrer Abteilung Caritas international die weltweite Katastrophen- und Entwicklungshilfe.

Immer mehr Städte speisen in Suppenküchen und Lebensmittelausgabestellen Menschen, die es sich nicht mehr leisten können, einmal am Tag warm zu essen. Die Anzahl von Läden mit karitativem Charakter, die gute gebrauchte Kleidung zu billigen Preisen an Bedürftige verkaufen, steigt ebenso stetig an. Nicht nur für die sogenannte „Unterschicht" bieten solche Angebote überlebensnotwendige Hilfen, auch die „Mittelschicht" ist vom Problem der Armut immer mehr betroffen. Viele Eltern sind nicht mehr in der Lage, das notwendige Schulessen oder die teuren Schulfahrten für ihre Kinder zu bezahlen. Die Wünsche der Kinder nach schöner Kleidung bleiben immer öfter unerfüllt, immer mehr Kinder und Jugendliche gehören zur Schicht der Benachteiligten. Sogenannte Mietnomaden ziehen von Wohnung zu Wohnung, ohne jemals die Miete bezahlt zu haben, am Ende dieser neuen Form von Nomadentum steht oft die Obdachlosigkeit. Kranke, Alte und Behinderte können sich Therapien und Arzneien nicht mehr leisten und werden schlecht oder nicht betreut. Die Rede ist hier nicht von einem Drittwelt-Land, es ist die Rede von der Neuen Armut in Deutschland.

STARK MACHEN FÜR SCHWACHE

Die Caritas ist oft ein stiller Dienstleister. Ihre mehr als eine Million ehrenamtlichen und hauptberuflichen Mitarbeiterinnen und Mitarbeiter haben vor allem ein Ziel: dort anpacken, wo Menschen nicht mehr weiterwissen und sich selbst nicht mehr helfen können.
Doch wer täglich erlebt, wie diese Menschen ausgegrenzt und von der Gesellschaft vergessen werden, dem genügt die konkrete Hilfe nicht. Deshalb macht sich die Caritas als Wohlfahrtsverband der katholischen Kirche stark für die Verbesserung der Lebenssituation dieser Menschen. In bundesweiten Kampagnen wird der Verband zum Sprachrohr für alte, kranke und behinderte Menschen, für benachteiligte Kinder und Jugendliche, für Wohnungslose und Suchtkranke.
Die Botschaft lautet immer wieder neu: Schaut auf diese Menschen, die wie alle anderen ein Recht auf ein gelingendes Leben haben. Sie richtet sich dabei nicht nur an Politiker, Unternehmer und Entscheidungsträger. Die Kampagnen sollen jede und jeden zum Nachdenken, Nachfragen und Handeln bringen.

Sie geht wieder zur Schule, obwohl sie ihre Tochter alleine erziehen muss.
SO SEHEN HELDEN AUS.
www.achten-statt-aechten.de

*Nach der Einführung des Euro wollen alle alten Münzen und Scheine in den Himmel, aber Petrus entscheidet, wer hineindarf und wer nicht.
Er winkt die Pfennige und Markstücke rein. Auch die Zwei- und Fünfmarkstücke dürfen hinein. Sogar die Zehnernoten. Auch ein paar Zwanzigernoten sind dabei. Plötzlich sieht er aber die Fünfziger- und Hundertnoten heranströmen und macht eine abwehrende Geste: „Halt, halt. Ihr wart euer Leben lang nie in der Kirche, ihr kommt hier nicht hinein!"*

■ Stellen Sie weitere Projekte der Caritas vor.

TIPP
Sammeln Sie Geld für Menschen in Not.

Christen mischen sich ein

Ohne Obdach

AUS DEM BUCH JESAJA
25:4 Du bist die Zuflucht der Schwachen, die Zuflucht der Armen in ihrer Not;
du bietest ihnen ein Obdach bei Regen und Sturm und Schatten bei glühender Hitze.
Denn der Sturm der Gewaltigen ist wie ein Regenguss im Winter, wie die Hitze im trockenen Land.

- Recherchieren Sie im Internet zum Thema Obdachlosigkeit.
- Stellen Sie Schicksale und Hilfsprojekte vor.
- Gestalten Sie eine Plakatwand mit Spendenkasse.
- Deuten Sie die Jesaja-Textstelle.

VATIKAN: MEHR RESPEKT FÜR OBDACHLOSE

Der Vatikan ruft dazu auf, obdachlosen Männern und Frauen mehr Respekt entgegenzubringen.

„Menschen ohne festen Wohnsitz müssen als Träger von Rechten betrachtet werden und nicht nur wie ein Katalog von Bedürfnissen, die es zu befriedigen gilt", heißt es in einem Dokument des Päpstlichen Rates der Seelsorge für die Migranten und Menschen unterwegs.

Wenn man über Menschen ohne festen Wohnsitz spricht, sollte man „eine neue und respektvolle Sprache entwickeln", empfiehlt der päpstliche Migrantenrat. Ausdrücklich warnt er vor einer Abqualifizierung der Obdachlosen. „Ohne die Person zu beurteilen", sollten Hilfsdienste die akute Linderung der Not und langfristige Lösungen im Auge haben. Die kirchlichen Einrichtungen ermuntert der Migrantenrat zu mehr Zusammenarbeit mit anderen – christlichen oder nichtkonfessionellen – Organisationen, die sich ebenfalls um Obdachlose kümmern. Das „Arbeiten im Alleingang und in Konkurrenz" müsse ein Ende finden. Besonders hebt das Papier hier ökumenische Initiativen hervor. Der Migrantenrat will eine Liste von Organisationen erstellen, die mit Obdachlosen arbeiten. Die Diözesen sollten ihrerseits den Menschen ohne festen Wohnsitz unbenutzte kirchliche Gebäude als preiswerte Wohnungen oder Heime zur Verfügung stellen. In der Ausbildung von Ordensleuten und angehenden Priestern sollte die Seelsorge an Armen und Ausgeschlossenen eine Rolle spielen. Den Bischöfen rät das Vatikan-Dokument, sich um die Einrichtung von Obdachlosen-Fonds zu kümmern.

450 OBDACHLOSE FEIERTEN WEIHNACHTEN IM MICHEL

Die zwei Bongo-Trommeln fest zwischen seine Knie geklemmt, trommelte Wilhelm (54) den Takt. Im Michel, vor dem Altar. Wilhelm ist obdachlos. Und auch die Gemeinde, die sich in dem Kirchenschiff versammelt hatte, war anders als sonst: Rund 450 obdachlose Frauen und Männer aus ganz Hamburg waren am ersten Weihnachtstag in den Michel gekommen. Zum Gottesdienst und zur Weihnachtsfeier im Gemeindehaus. „Ihnen gehört diese Kirche auch, wie allen anderen", sagte Pastor Adolphsen und bekam Applaus.

„Super", klang es leise aus den Reihen der Kirchenbänke.

„Wann ist Weihnachten? Wenn die Reichen nicht achtlos an den Bettlern vorbeigehen", mahnte Pastor Adolphsen.

Die Obdachlosigkeit in Hamburg nehme zu, so Adolphsen. „Weil du arm bist, musst du früher sterben." Und er rief zum Gebet: „Lass es Weihnachten werden für alle, die keinen Ausweg mehr finden."

Im Gemeindehaus nebenan hatten die Mitarbeiterinnen der Kirche und der Obdachlosen-Tagesstätte „Herz As" währenddessen die langen Tische festlich gedeckt.

Rund 450 Frauen und Männer standen vor dem Eingang Schlange. Viele waren auch aus der Nachbarschaft gekommen, um mit den Obdachlosen zu feiern. Auf alle warteten Butterkuchen, Kaffee und Weihnachtskringel.

Orientierungswissen 7: **Christen mischen sich ein**

Auf der Suche nach einer sinnvollen Gestaltung für das eigene Leben stößt man darauf, dass es auch im Kontext der christlichen Kirchen interessante und spannende Berufe gibt, in denen Menschen sich aus christlicher Überzeugung heraus für andere einsetzen. In den kirchlichen Hilfswerken begegnet man sehr vielen Menschen, die aus innerer Überzeugung und aus einer tiefen spirituellen Verwurzelung ihr Leben mit anderen teilen. Vielleicht gibt das Leben und Arbeiten solcher Menschen Anregungen und Impulse, sich für die eigene Berufswahl inspirieren zu lassen oder auch ein ehrenamtliches Engagement in Betracht zu ziehen.

← **ORIENTIERUNG FÜR MEIN LEBEN**

Der Einsatz der Kirche für Menschen, die am Rand der Gesellschaft stehen, sollte nicht dazu führen, die eigene Verantwortung auf „Profis" abzuschieben. Der Umgang mit den Menschen, die – aus welchen Gründen auch immer – an den Rand der Gesellschaft gedrängt wurden, ist immer auch eine Herausforderung an unser ganz persönliches Handeln. Gerade beim Prozess des Erwachsenwerdens, wenn Jugendliche immer mehr Verantwortung für ihr Leben und damit auch für die Gesellschaft übernehmen, ist es wichtig, sich eine eigene Haltung zum Umgang mit diesen Menschen zu erarbeiten.

← **ORIENTIERUNG FÜR MEIN HANDELN**

Menschen, die durch Krankheit, gesellschaftliche Entwicklungen oder auch durch eigenes Verschulden an den Rand gedrängt werden, stehen für Jesus im Mittelpunkt seiner Botschaft. In den Armen zeigt sich das Angesicht Gottes: Das ist die Überzeugung Jesu, und das ist die Überzeugung der Christen durch die Jahrhunderte hindurch. Christen handeln nicht aus Mitleid barmherzig. Sie sind davon überzeugt, dass Gott nirgends so sehr sichtbar und greifbar wird wie in den Armen und Ausgestoßenen durch alle Zeiten und Jahrhunderte. Solches Handeln nennt die Kirche „diakonisch", d. h. „dienend": Sie dient den Menschen, weil Jesus Christus selbst den Menschen gedient hat.

← **ORIENTIERUNG FÜR MEINEN GLAUBEN**

Glossar

Die Verheißung an → Abraham als Urbild des Glaubens, Miniatur, um 570

Abraham
Einer der biblischen Patriarchen. Seine „Geschichte" in Genesis 11:27 – 25:10 ist in langer Überlieferung entstanden. Die Bibel zeichnet Abraham als Stammvater des Volkes Israel (Jes 51:2; vgl. Mt 3:9), Empfänger göttlicher Zusagen (Lk 1:55.73) und Freund Gottes (Jes 41:8; vgl. Jak 2:23). Weil er sich auf die Verheißung Gottes vertrauensvoll eingelassen hat und in ein fremdes Land ausgewandert ist, gilt er als Urbild der wahrhaft Glaubenden (Röm 4). Die Muslime verehren Abraham/Ibrahim vor allem wegen seines Glaubens an den einzigen Gott.

Apostelgeschichte
Buch des Neuen Testaments (griech. *praxeis apóstolon* = „Taten der Apostel"). Als Verfasser gilt Lukas, dem auch das dritte Evangelium zugeschrieben wird. Die Apostelgeschichte entstand zwischen 80 und 90 n.Chr. Sie überliefert nicht die Geschichten aller Apostel, sondern hauptsächlich die Tätigkeiten der Apostel Petrus, Johannes und Paulus. Sie erzählt die Ausbreitung der Christusbotschaft von Jerusalem nach Rom.

Bilder deuten
Methodische Schritte nach Günter Lange:
1. Spontane Wahrnehmung
Was sehe ich?
Stilles Abtasten und Lesen des Bildes; Brainstorming, spontane, unzensierte Äußerungen; die Augen über das Bild wandern lassen.
2. Analyse der Formensprache
Wie ist das Bild aufgebaut? Systematische Wahrnehmung der Formen (Linien, Ecken, Kanten, Bögen, Kreise …), Farben (hell, dunkel, schwarz, weiß, bunt …) und Strukturen (grob, fein, Linien, Maserungen, sandartig …).
Die Einzelheiten und der Zusammenhang des ganzen sichtbaren Formbestandes (Komposition, Zentrum, Hintergrund …). Bewusstmachung der Bildordnung (was hängt zusammen?). Volle Außenkonzentration.
3. Innenkonzentration
Was löst das Bild in mir aus? Meine Gefühle und Assoziationen (Wenn ich das Bild sehe, denke ich an …)? Welche Stimmung vermittelt das Bild? (heiter, traurig, frech …) Woran erinnert es mich? Wirkt es anziehend oder abstoßend?
4. Analyse des Bildgehalts
Was hat das Bild zu bedeuten? Die Thematik des Bildes. Sein Bezug zu einem Text der Bibel oder zu sonstigen Quellen. In welcher Tradition steht das Bild? Was ist neu? Welche Glaubenssichten und Lebenserfahrungen finden sich im Bild?
5. Identifizierung mit dem Bild
Wo siedele ich mich in dem Bild an? Sich in das Bild hineinziehen, sich in die Geschichte verwickeln lassen. In welcher Figur finde ich mich am ehesten wieder? An welchem Ort des Bildes möchte ich sein? Wie behandelt mich das Bild als Betrachter/in? Was erwartet es von mir? Bewirkt es Einverständnis oder Irritation? Kann es mich unmerklich verwandeln? Zieht es mich in seinen Bann? Überlasse ich mich ihm oder sträube ich mich?

Brecht, Bertolt (1898–1956)
Eugen Bertolt Friedrich Brecht, Schriftsteller und Regisseur. Er wurde 1898 in Augsburg geboren, als Gegner Hitlers ging er 1933 nach dem Reichstagsbrand in die Emigration. Er starb 1956 in Berlin. Bertolt Brecht gilt als einer der bedeutendsten Dramatiker der deutschen Literatur des 20. Jahrhunderts. Sein sogenanntes episches Theater übte großen Einfluss auf die Entwicklung des modernen Dramas aus: Das Theater soll den ZuschauerInnen gesellschaftliche Verhältnisse bewusst machen. Zu Brechts Werken gehören das „Leben des Galilei", „Mutter Courage und ihre Kinder", die „Dreigroschenoper".

Bertolt → Brecht im Proletarierlook, 1928

Caritas

Deutscher → Caritasverband, Karlstr. 40, 79104 Freiburg, www.caritas.de

von lat. *carus* = „lieb", „wert", „teuer". Der Begriff steht in christlich-theologischem Verständnis für die allumfassende Liebe Gottes in seinem Wirken und Handeln. Aus dieser Gottesliebe erwächst die menschliche Nächstenliebe, die im Dienst und in der Hilfe für den Mitmenschen verwirklicht wird.

Der Begriff „Caritas" wird in Deutschland auch als Kurzform für den „Deutschen Caritasverband" verwendet, eine soziale Hilfsorganisation, die von der katholischen Kirche getragen wird.

Dionysisches Fest

Mit dem Namen des griechischen Weingottes Dionysos wird ein wildes, orgiastisches, rauschhaftes Fest bezeichnet.

Enzyklika

von griech. *enkyklios epistole* = „allgemeiner Rundbrief". Ein gedrucktes Rundschreiben des Papstes. Während eine Enzyklika früher nur an die Bischöfe adressiert war, richtet sie sich heute an die Bischöfe und alle Gläubigen, manchmal auch an „alle, die guten Willens sind". Eine Enzyklika wird meist in lateinischer Sprache verfasst und nach ihren Anfangsworten zitiert. Sie beschäftigt sich mit theologischen, philosophischen und seelsorgerlichen Fragen und Themen. Eine Enzyklika besitzt orientierenden, keinen bindenden Charakter für die Gläubigen.

Michelangelo Buonarroti, → Ezechiel, 1510

Ezechiel

Ezechiel war ein Prophet des Alten Testaments. Er wurde um 597 v. Chr. von Nebukadnezzar in die Verbannung nach Babylonien geführt. Dort zum Propheten berufen, wirkte er unter den Verschleppten. Ihnen musste er die falsche Hoffnung nehmen, dass sie bald nach Jerusalem zurückkehren würden; vielmehr sagte er Gottes Gericht über die Stadt und den Tempel an.

Im alttestamentlichen Buch Ezechiel stehen neben diesen Droh- und Scheltworten Visionsberichte, von denen drei besonders hervorzuheben sind: Ezechiels Berufung; der sündhafte Tempelkult, der die Zerstörung von Tempel und Stadt nach sich zieht; die Wiederherstellung des Tempels und die Neuverteilung des Landes an die Stämme Israels.

Heine, Heinrich (1797–1856)

Heine war Dichter und Publizist, er wurde 1797 in Düsseldorf geboren und starb 1856 in Paris. Er war Sohn eines jüdischen Tuchhändlers. Er studierte Jura in Bonn, Göttingen und Berlin. Wegen der schlechten Berufsaussichten für Juden wechselte er zum protestantischen Glauben. Ab 1831 lebte er in Paris. Seine letzten Lebensjahre war er aufgrund einer Nervenerkrankung ans Bett gefesselt.

Heinrich → Heine

Johannes der Täufer

Von der historischen Person Johannes des Täufers ist nur sehr wenig, vorwiegend aus den Evangelien und der → Apostelgeschichte, bekannt. Johannes der Täufer trat vor allem als Gerichtsprediger auf, der den Zorn Gottes predigt. Die einzige Chance für alle Menschen bestehe darin,

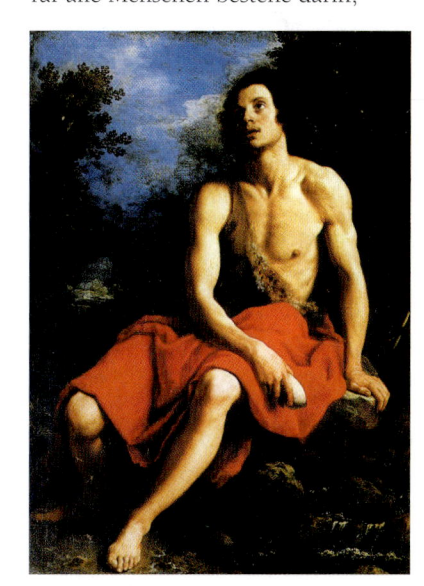

Christofano Allori, → Johannes der Täufer in der Wüste, 17 Jh.

umzukehren und „würdige Früchte" (Mt 3:8) zu bringen. Zeichen der Umkehr ist die von Johannes angebotene Wassertaufe, die er auch an Jesus vollzog. Den biblischen Berichten nach wurde Johannes der Täufer durch Herodes hingerichtet.

Johannes-Evangelium
Das Johannes-Evangelium beruft sich auf die Autorität eines ungenannten „Jüngers, den Jesus liebte" (Joh 19:26; 21:7; 21:20). Dieser wurde in der Tradition mit dem Apostel Johannes gleichgesetzt.
Im Zentrum des Evangeliums steht der Gedanke, dass allein der Glaube an die Göttlichkeit Jesu Christi das wahre und das ewige Leben bringt. Die und der Einzelne muss sich für oder gegen Jesus entscheiden: Diese Entscheidung wird beschrieben als Wahl zwischen Licht und Finsternis, zwischen oben und unten.

Juden/Judentum
Vom Judentum kann man seit dem Exil Israels sprechen, in dem die Israeliten feste Traditionen prägten, um als Volk zu überleben: z. B. die Feier des Sabbats, die Beschneidung sowie die Speisegesetze. Nach der Rückkehr aus dem Exil wurde 520 v. Chr. der neue Tempel gebaut, der für lange Zeit das Zentrum des jüdischen Glaubens und des Judentums bildete. Im Sch'ma Israel (Dtn 6:4-9; 11:13-21; Num 15:37-41), dem Hauptgebet der Juden, ist das Grundbekenntnis des jüdischen Glaubens ausgedrückt: Gott ist der Schöpfer der Welt und der Erlöser Israels. Wichtige Quellen für das Judentum sind die Hebräische Bibel, die Halacha sowie die Haggada, die den jüdischen Glauben vor allem in Geschichten und Legenden beschreibt. Ein zentrales Thema des modernen Judentums ist die Herausforderung durch die → Schoah, die

Käthe → Kollwitz

Ermordung von ca. sechs Millionen Juden in den nationalsozialistischen Konzentrationslagern.

Kollwitz, Käthe (1867–1945)
bedeutende Grafikerin und Bildhauerin. Sie wurde 1867 in Königsberg, im heutigen Kaliningrad geboren. Von 1919–33 war sie Professorin an der Preußischen Akademie der Künste und schuf u. a. Zeichnungen und grafische Folgen, die von tiefem menschlichem Mitgefühl und sozialem Engagement für die Benachteiligten der Gesellschaft geprägt sind.

Lukas-Evangelium
Das Evangelium bildet eine Einheit mit der biblischen → Apostelgeschichte: Beide Schriften sind einem gewissen Theophilus gewidmet (Lk 1:3; Apg 1:1). Einzigartig im Lukas-Evangelium ist, dass der Verfasser in einem Vorwort darüber Auskunft gibt, was seine Schreibabsichten sind: Er will ein neues Werk schaffen, damit der Adressat Theophilus sich „von der Zuverlässigkeit der Worte" überzeugen kann, die er gehört hat.

Lukas wollte also das Christuszeugnis vollständig und in gewissem Sinne auch endgültig niederschreiben. Der Schreiber des Evangeliums war wohl vorher kein Jude, sondern ein ehemaliger Heide, der sich taufen ließ. Er war gebildet und schrieb nach dem Jahre 70 n. Chr.; er hat die Zerstörung des Jerusalemer Tempels (um 70 n. Chr.) erlebt.

Luther, Martin (1483–1546)
war der theologische Vater und Lehrer der Reformation. Als Augustinermönch und Theologieprofessor zeigte er Fehlentwicklungen in der damaligen katholischen Kirche auf. Seine Predigten und Schriften, vor allem seine Lutherbibel hatten eine große Wirkung auf die Gläubigen. Unter diesem Einfluss kam es entgegen Luthers Absichten zu einer Kirchenspaltung und schließlich zur Bildung der Evangelisch-Lutherischen Kirche und weiterer protestantischer Konfessionen.

Markus-Evangelium
Das Markus-Evangelium ist das älteste der vier Evangelien und bildet die Grundlage der anderen. Bereits im 2. Jahrhundert n. Chr. wird es dem „Markus, dem Dolmetscher des Petrus" zugeschrieben. In einer Zeit, in der Jesus von Nazaret für die meisten Christen bereits eine Gestalt der Vergangenheit war, ging es Markus darum, die Person Jesu Christi in seiner Schrift so zu vergegenwärtigen, dass es auch für die, die Jesus nicht mehr kannten, möglich war, seiner Botschaft zu folgen. Er schildert Jesu Weg als einen Weg der Lebenshingabe. Jesus verliert sein Leben – aber erst dadurch gewinnt er es endgültig: Die Auferstehung macht die Botschaft glaubwürdig, dass Gott stets das Leben schenken und bewahren will.

Matthäus-Evangelium

Das Evangelium stammt von einem anonymen Verfasser, der mit dem Apostel und Zöllner aus Mt 10:3 identifiziert wurde. Der Verfasser war wohl ein griechisch-jüdischer Theologe, der sprachlich sehr begabt war. Er schrieb wohl um das Ende des 1. Jh. n. Chr. Der Glaube an Jesus Christus als den Sohn Gottes ist die Zielaussage des christlichen Glaubens nach Matthäus. Gott erlöst in Jesus Christus: Das ist die Mitte der Botschaft nach Matthäus.

Mose

Der Name ist ägyptischen Ursprungs und Bestandteil von Namen wie Ahmosis oder Thutmosis. Das ägyptische Wort bedeutet: „Der Gott ist geboren." Mose gehörte zu einer Gruppe von semitischen Stämmen, die aus der Sinai-Halbinsel in das östliche Gebiet des Nildeltas einzog, sich nahe von Pitom und der Ramsesstadt aufhielt und unter nicht sicheren Voraussetzungen, sei es freiwillig oder gefangen, bei dem Bau von Wirtschaftsquartieren innerhalb der Delta-Residenz Ramses II. eingesetzt wurde. Als Oberaufseher und unter ägyptischem Namen war Mose unter den Arbeitern aufgefallen und musste in die östliche Wüste zusammen mit semitischen und anderen Gesinnungsleuten fliehen. Es gelang ihnen, sich einer ägyptischen Grenztruppe im Gebiet des Schilfmeeres zu entziehen. Es ist anzunehmen, dass Mose und seine Gruppe schließlich in die Gegend von Kadesch gelangten. Gruppen unter der Führung des Mose erhielten eine verbindliche Rechtsordnung, die – von welchem Umfang am Anfang sie auch war – von maßgeblicher Bedeutung für das spätere Israel werden sollte. Mose und seine Gruppe näherten sich dem Kulturland und versuchten, in den

Rembrandt, → Mose zerschmettert die Steintafeln mit den Worten des Bundes, 1659

Gebirgen östlich des Toten Meeres Fuß zu fassen, wo Mose starb.

Muhammad (ca. 570–632)

In Mekka auf der arabischen Halbinsel geboren, verlor er schon früh seine Eltern. Durch die Erziehung im Haus seines Onkels mit Handelsgeschäften vertraut und durch Handelsreisen mit der christlichen und jüdischen Religion bekannt, schätzte ihn die 40-jährige reiche Kaufmannswitwe Khadidscha und heiratete ihn. Dem erfolgreichen, wohlhabenden Geschäftsmann, der sich zum Gebet häufig in die Wüste zurückzog, wurden 610 n. Chr. am Berg Hira zum ersten Mal die Worte des einen Gottes offenbart (Koran).
Als Prophet Gottes predigte er in Mekka fortan vom Gericht des einen, wahren Gottes, prangerte den (auch wirtschaftlich sehr einträglichen) Götzendienst an und rief zur Umkehr im Glauben wie auch im Handeln auf. Als die Anfeindungen vonseiten der einflussreichen Stämme Muhammad und seiner kleinen Anhängerschaft gegenüber immer größer wurden, wanderte er 622 n. Chr. nach Medina aus. Dort gründete er als politischer und religiöser Führer die erste Gemeinschaft der Muslime (Umma). Diese Auswanderung markiert den Beginn der islamischen Zeitrechnung. Während er die Juden Medinas nicht überzeugen konnte und dies zu gewaltsamen Auseinandersetzungen führte, eroberte er 630 n. Chr. Mekka ohne größeren Widerstand, entfernte die Götzenbilder aus der Kaaba und machte damit Mekka zum Zentrum des Islams.
Nach seinem Tod 632 n. Chr. verbreiteten seine Nachfolger, die Kalifen, den Islam über die arabische Halbinsel hinaus in Syrien und Ägypten, Persien und Nordafrika sowie auf der iberischen Halbinsel und in Teilen Indiens.

Ökumene

Das griechische Wort „Ökumene" meinte den ganzen bewohnten Erdkreis. In der ökumenischen Bewegung des 20. Jahrhunderts bemühen sich Christinnen und Christen verschiedener Konfessionen um die Einheit und Gemeinsamkeiten ihres Glaubens. Das gemeinsame Glaubensbekenntnis zum Gott Jesu Christi und das Sakrament der Taufe verbinden z. B. katholische und evangelische Christen eng. Den Stand der ökumenischen Gespräche dokumentiert die „Charta Oecumenica", die auf dem ersten ökumenischen Kirchentag 2003 in Berlin unterzeichnet wurde (www.theology.de/charta_oecumenica.htm).
Auch den Dialog zwischen den Weltreligionen bezeichnet man als „ökumenisch", daher kann man von der „kleinen Ökumene" unter den Konfessionen und der „großen Ökumene" unter den Weltreligionen sprechen.

Schiiten

bezeichnet die kleinere der beiden Hauptrichtungen des Islams. Ungefähr zehn Prozent der Muslime zählen sich zu dieser Richtung des Islams. Die Schiiten als „Partei Alis" erkennen im Unterschied zu den → Sunniten nur Ali Ibn Abi Talib und seine Nachkommen als rechtmäßige Nachfolger (Imame) des Propheten Muhammad an.

Schoah oder Holocaust

Das Wort Holocaust leitet sich vom griechischen *holokáutoma* her und bedeutet: „vollständig Verbranntes" oder „Brandopfer". Es bezeichnet den Völkermord an ca. sechs Millionen Juden in der Zeit des Nationalsozialismus. Dieses Morden wird von den Juden auch Schoah genannt.

Alte Frau und Kinder im Konzentrationslager Auschwitz-Birkenau, Mai 1944 → Schoah

Sünde

Wenn Gott anerkannt wird als der, der die Welt trägt und hält, ist menschliche Schuld immer auch Schuld gegenüber Gott. Deshalb ist Schuld aus christlicher Sicht Sünde. Realistisch kann man sagen: Jede/r lädt immer wieder Schuld auf sich, gerät in Schuldverstrickungen und sündigt. Mancher schlittert in eine Sünde hinein, für manche ist es eine alltägliche Angewohnheit zu lügen, eitel zu sein, über andere zu klatschen. Manche geraten von einer Verfehlung in eine andere schlimmere: Sie vergessen ihre Weltverantwortung, sie kümmern sich nicht um ihre Mitmenschen, sie vergessen Gott und den Kontakt zu ihm. Sünde (von „absondern") ist also ein Vorbeileben des Menschen an seinen guten Lebensmöglichkeiten, die ihm von Gott her gegeben sind.

„Schwere" Sünden werden auch „Todsünden" genannt, weil sie vom lebendigen Gott absondern. Je bewusster sich jemand für das Böse entscheidet, desto schwerer ist die Sünde. Entscheidend ist, wie weit das Hauptgebot der Gottes- und Nächstenliebe bewusst verletzt wird. Aber keine Sünde ist so groß, dass Gott sie nicht vergeben kann, wenn der Mensch sich dafür öffnet.

Im Gegensatz dazu werden mit „leichten" oder „lässlichen" Sünden alltägliche Beziehungslosigkeiten beschrieben, die sich z. B. in Unaufmerksamkeit, verletzenden Worten usw. äußern. Entscheidend ist dabei die Grundhaltung des Menschen, der, statt mit und für andere zu leben, nur für sich selbst lebt. Es kommt zu einem ständigen Kreisen des Menschen um sich selbst, was ihn in seinem Erleben sowohl gegenüber der Mitwelt, sich selbst als auch gegenüber Gott unfrei macht. Vor lauter Egozentrik ist sein Blick für Erlebnisse und Erfahrungen als Gemeinschaftsmitglied verstellt und verschleiert. Daher ist verständlich, dass Sünde als Unfreiheit erfahren und im biblischen Sinn als „Knechtschaft" bezeichnet werden kann.

In der gesellschaftlichen Auseinandersetzung mit der Sünde werden auch die sozialen Aspekte in den Mittelpunkt gerückt, man spricht von der „strukturellen" Sünde: In unserer unheilen Welt gibt es ungerechte Verhältnisse, in die Menschen ungewollt verstrickt sind und hineingerissen werden. Das Bewusstsein dafür fordert zum Einsatz für Gerechtigkeit heraus.

Sunniten

Die Sunniten bilden die größere der beiden Hauptrichtungen des Islams. Etwa 90 Prozent der Muslime sind Anhänger dieser Glaubensrichtung. Die Sunniten verstehen sich als die islamische Orthodoxie und erkennen im Gegensatz zu den → Schiiten auch die Nachfolger Muhammads, die nicht seine Nachkommen sind, als rechtmäßig an.

8	Foto: A. Meßmer, München
9	Zitate Mahatma Gandhi, Ludwig Marcuse, Dom Helder Camara: Quelle nicht zu ermitteln – Paul Tillich, Die verlorene Dimension. Not und Hoffnung unserer Zeit, Furche Verlag, Hamburg 1962, S. 23 ff.
10	Zitate Max Planck, Werner Heisenberg: Quelle nicht zu ermitteln – Gabriele Ebert (geb. 1960), Dreifaltigkeit, 2007, Eitempera auf Holz, 60 x 40 cm, nach einer Kunstkeramik von Sr. Caritas Müller OP
11	Max Henning, Der Koran, Reihe Reclam, Hamburg, S. 131
12	Schwäbische Zeitung v. 30.10.2008, Regionalteil (gekürzt)
13	Kelly, Robert © Zomba Songs Inc./IMAGEM MUSIC GmbH, Hamburg – Plaßmann/Baaske Cartoon
14	Übersetzung: Dr. Alexia Steinhauser – Marc Chagall (1887-1985), Der Jude in Schwarz-weiß, 1914 © VG Bild-Kunst, Bonn 2009
15	Gregor Delvaux de Fenffe, in: www.planet-wissen.de, 14. Februar 2007
17	Albrecht Dürer (1471-1528), Die Vier Apostel, rechter Teil, Szene: Die Heiligen Markus und Paulus, 1526 – © Landeskriminalamt NRW
18	Herbert Vorgrimler, Neues Theologisches Wörterbuch, Verlag Herder, Freiburg 2008, S. 650 – Kai Pörksen, in: Kieler Nachrichten v. 3. September 2005 – Service Civil International (2)
19	Foto Kardinal: KNA-Bild – Süddeutsche Zeitung v. 23. April 2005
20	Cartoon: Hendrike Kösel, Bad Saulgau
21	Hermann Queckenstedt, in: Rheinischer Merkur v. 19. Juni 2008 – dpa/picture alliance – Tim Groothuis/INSIDE-PICTURE
22	Beck/Cartooncommerz – Blackomore, Richard/Gillan, Ian/Glover, Roger/Lord, Jon/Paice © Jan HEC Music Publishing Ltd./Emi Music Publishing Germany GmbH & Co. KG, Hamburg
23	Papst Benedikt XVI. im Oktober 2008 – Kösel-Archiv – Klaus Stuttmann, Berlin
25	Kruspe, Richard/Lindemann, Til/Landers, Paul/Schneider, Christoph/Riedel, Oliver/Lorenz, Doktor Christian © Edition Rammstein/Musik Edition Discoton GmbH, Berlin – Rammstein – Frege, Andreas © Edition DTH/Musik Edition Discoton GmbH. Berlin – www.dietotenhosen.de
26	Johannes Weigle (geb. 1962), Kunst und Religion, 2005, Öl auf Leinwand, 30 x 24 cm – Maurizio Cattelan (geb. 1960), Untitled, 2007, Mischtechnik, Foto: Markus Tretter © Kunsthaus Bregenz
29	Spiegel online, 29. März 2007
30	VIVID – Fachstelle für Suchtprävention, Graz, www.vivid.at
32	Auswärtiges Amt der Bundesrepublik Deutschland, Berlin – Kösel-Archiv (3) – Franz Friedrich, Auferstehung, 2001
33	Grafik: Kösel-Archiv – Uwe Vollmann, Gratwein/Graz – Kindermissionswerk „Die Sternsinger"
34	Michael Landgraf, in: www.christen-und-juden.de – Marc Chagall (1887-1985), Laubhüttenfest, 1916 © VG Bild-Kunst, Bonn 2009
35	Kerstin Probiesch, Marburg – http://religion.orf.at
38	Deutscher Caritasverband e.V.; www.caritas.de
39	Martin Luther King: Quelle nicht zu ermitteln – Enzyklika Laborem Exercens, 14. September 1981 – Rainer Schwalme, Krausnick-Groß-Wasserburg
40	Interview in: Bilanz v. 28. Februar 2006 – Foto: www.hipp.de
41	Deutscher Caritasverband e.V.; www.caritas.de – © Andreas Pruestel/Cartooncommerz
42	Deutscher Caritasverband e.V.; www.caritas.de
43	www.kathweb.de – Bistum Limburg, Internetseiten „Berufe der Kirche"; http://berufe-der-kirche.bistumlimburg.de – Bistum Osnabrück
44	www.kathweb.de
46	GEO online; www.geo.de – Michael Godehardt, Bochum (2)
47	Erziehungs- und Familienberatung der Caritas, Deutscher Caritasverband Berlin
48	Andreas Verhülsdonk, in: www.katholisch.de, Deutsche Bischofskonferenz, Bonn
51	Scott, Ronald Belford/Young, Angus McKinnon/Young, Malcolm Mitchell © J Alert and Son PTY Ltd., EMI Music Publishing GmbH & Co. KG, Hamburg – Heirel, N. © Edition Musikant GmbH, Bleicherode
52	www.br-online.de
53	Johannes Patinier, Die Taufe des Jesus von Nazaret durch Johannes den Täufer, Illustration 15. Jh. (verfremdet)
54	Nach: www.katholisch.de
56	Erzbischöfliches Ordinariat München und Freising – Foto: Bistum Mainz
57	Karin Mager, in: Ratschlag24.com, 30. März 2008
58	Christine Leuckhardt, in: Christliches Medienmagazin pro 3/2006
59	Heinrich Heine, Zum Lazarus, 1854 – Käthe Kollwitz (1867-1945), Ruf des Todes © VG Bild-Kunst, Bonn 2009 – Süddeutsche Zeitung Magazin 4/2008, Foto: Paul Kranzler, Linz

60	Vera Rüttimann, Berlin © Philipp-Neri-Stiftung – Foto © 2008 Philipp Neri-Stiftung
64	Jörg Lau, in: ZEIT online, 28. April 2005
65	Petra Brönstrup, in: wdr online, 21. Mai 2007
66	Hans Küng, Quelle nicht zu ermitteln; www.dober.de/jesus/jesus5a.html – William Strutt (1825-1915), Friede, 1896
67	Kuno Hauck, in: www.reich-gottes-jetzt.de; Ökumenische Initiative Reich-Gottes-jetzt – Albert Biesinger, Gottesbeziehung in der Familie, Schwaben Verlag, Ostfildern 2000, S. 147
68	Reichenauer Schule, Jesus spricht zu den Jüngern, ca. 1010
69	Rainer Schwalme, Krausnick-Groß-Wasserburg
72	aus: e. o. plauen, „Vater und Sohn", in: Gesamtausgabe Erich Ohser © Südverlag GmbH, Konstanz 2000
73	Fragment eines nicht identifizierten Evangeliums, Abb.: Quelle nicht zu ermitteln (2)
74	Christian van Adrichom (1533-1585), Der Tempel des Königs Salomo, 1584 (Detail), Köln – Gerhard Maier, in: Samuel Rothenberg, Christsein heute und morgen, Christliche Verlagsanstalt, Konstanz 1981, S. 43
75	Paulus schreibt einen Brief, Relief von einem Elfenbeinkästchen, um 420, British Museum, London
76	In: Tommaso Mastrandea/Giuseppe Ramello, Die Bibel, Bd. 1: Das Leben Jesu, mit Illustrationen von Roberto Rinaldi, Styria Verlag, Graz
77	Quelle nicht zu ermitteln – www.edikup.files.wordpress.com/2007/04/kriat-tora.jpg
78	Cover und Koranseite in: Der Koran, übersetzt v. Max Henning, Reihe Reclam, Reinbek o. J.
81	Nach: Edeltraud Koller/Ansgar Kreutzer/Bernhard Vondrasek (Hg.), Skandal Arbeitslosigkeit. Theologische Anfragen. In Zusammenarbeit mit der Bischöflichen Arbeitslosenstiftung der Diözese Linz, Wagner Verlag, Linz 2007 – Rainer Schwalme, Krausnick-Groß-Wasserburg
82	Klaus Stuttmann, Berlin
83	Bischöfliches Ordinariat der Diözese Rottenburg-Stuttgart, Spendenaufruf zur Aktion Martinusmantel 2008, 10. Juli 2008 – Bischöfliche Aktion Martinusmantel der Diözese Rottenburg-Stuttgart, www.martinusmantel.de
84	dpa – Stefan Ulrich, in: Süddeutsche Zeitung v. 7. März 2008 , S. 9
85	Domradio Köln, 15. Februar 2008 – caro/Teich – Mester/Baaske Cartoons
86	www.renovabis.de
87	Deutscher Caritasverband e.V.; www.caritas.de – Aktion „achten statt ächten" © Deutscher Caritasverband e.V.
88	Radio Vatikan; 20. Februar 2008 – in: Hamburger Abendblatt v. 27. Dezember 2003 – © Sanoma Entertainment Oy, 2009. All rights reserved
90	Verheißung an Abraham. Miniatur aus der „Wiener Genesis". Um 570 in Antiochien entstanden, Wien, Österreichische Nationalbibliothek (Cod. theol. graec.) 31 pag. 8 – Bertolt Brecht, Quelle unbekannt
91	Michelangelo Buonarroti (1475-1564), Ezechiel, 1510, Fresko in der Sixtinischen Kapelle, Rom – Heinrich Heine im Jahr 1829, Zeichnung – Christofano Allori (1577-1621), Johannes der Täufer in der Wüste, 17. Jh., Öl auf Leinwand; 177 x 159 cm; Pitti Galleria Palatina, Uffizien und Palazzo Pitti
92	Käthe Kollwitz (1847-1945) © Käthe Kollwitz-Museum, Köln
93	Rembrandt van Rijn (1606-1669), Mose zerschmettert die Steintafeln mit den Worten des Bundes, 1695, Gemäldegalerie der Staatlichen Museen, Berlin
94	Deutsches Bundesarchiv

Alle Bibeltexte gemäß der Einheitsübersetzung © Katholisches Bibelwerk, Stuttgart.
Alle namentlich nicht gekennzeichneten Texte und Abbildungen stammen vom Autor und sind als solche urheberrechtlich geschützt.
Trotz intensiver Recherche konnten einzelne Rechtsinhaber nicht ermittelt werden. Für Hinweise sind wir dankbar. Sollte sich ein nachweisbarer Rechtsinhaber melden, bezahlen wir das übliche Honorar.